유랑의 뼈를 수습하다

유랑의 뼈를 수습하다

박미라 산문집

시와문화

■작가의 말

두고온 것들이 모두 화양연화였다
아니다 참혹이었다

어쩌면 헛것이었다

풀어쓰자면 한여름 밤의 진양조가 되리라

이렇게라도 수습할 수 있어서 다행이다
그러나 더욱 아득하여 조금 슬쓸하다

나여, 미안하다.

꽃 피는 날 바람을 생각하며
박미라

|차례|

■작가의 말 _ 5

1부 화양연화

주변인으로 살아가기 _ 10
꽃 혹은 물고기에 관한 기억 _ 15
소통을 희망으로 불러도 될까 _ 18
지금 수리 중입니다 _ 21
화양연화 _ 26
좋은 글을 만나는 행복 _ 29
붉은 여왕 유감 _ 34
모질다, 사람 _ 37
유랑의 뼈를 수습하다 _ 41
이게 사는 거지 _ 44
순응하는 자의 흔적 _ 47
잊지 말아야 할 것들의 목록 중에서 _ 53

2부 열목어처럼 살 수는 없지만

문학 속 세상 읽기 _ 58
시와 인생 _ 66
내 병은 내가 잘 안다 _ 69
열목어처럼 살 수는 없지만 _ 73
까치집 관찰기 _ 76
상대적 빈곤 _ 79
선한 이웃 _ 82
뒷산과 뒷동산 구별법 _ 85
내가 틀렸을까? _ 88
엄마 나 그거 먹고 싶어요 _ 91
내가 끓이는 맑은장국의 유래 _ 94
백비탕白沸湯 아시지요? _ 97
바람 부는 계절 _ 101
익숙하다는 것 _ 105

3부 오독이거나 편견

엘리엇의 「프로프록의 연가」와 「황무지」의 현대성 _ 110

류시화, 그는 누구인가? _ 116

문학의 탈식민주의란 무엇인가? _ 120

인간은 스스로를 파괴할 권리가 있는가? _ 126

당신의 환상통은 어떠하신가? _ 129

부탁할 수 있어서 다행이야 _ 133

김애란의 달려라 아비 읽기 _ 137

오독과 편견 _ 141

엄마라는 인류! _ 148

우울한 일상의 무가 _ 156

바보 같은 내 삶의 패러디 _ 161

그의 영혼은 과연 말랑말랑할까 _ 172

따뜻하거나 섬세한 시선 _ 183

나희덕 시의 창작 기법의 특징과 개성에 대하여 _ 194

1부

화양연화

주변인으로 살아가기

장마가 주춤한 칠월 끝머리의 아침 하늘이 가을인 듯 서늘하다.

16세기 영남의 학자였던 권호문은 『송암집』에 실린 「소나기」라는 시에서 '소매 가득 서늘함에 뼈조차 상쾌하다'고 썼다. 빼고 보탤 것도 없이 있는 그대로이지만 단번에 그 상쾌함을 짐작할 수 있다. 이렇듯 명징한 문장을 만나면 행복하다.

자꾸만 덧칠하다가 본래의 색깔을 잊어버리기 일쑤인 나의 문장들을 생각한다. 여러 겹 싸인 포장지로 내용을 짐작할 수 없고 쓸데없이 많은 매듭으로 풀어보고 싶은 마음조차 없게 만들지 않았는가? 마음먹고 풀었다고 해도 그저 그런 과대포장이었을 뿐, 신선함조차도 없지 않았을까 생각하면 등짝 서늘한 일이다.

'문학과 주변인'이라는 주제를 두고 곰곰이 생각하니 '문학'이 아닌 '주변인' 속에 웅크리고 있는 나 자신이 보인다. 이미 여러 편의 산문에서 여행 이야기를 했고 내가 사랑하는 사람들의 이야기를 썼으므로 이 글에서는 내가 바라보는 나 자신의 이야기를 써보고 싶다. 누군가의 주변인으로 기억되는 나, 수없이 스쳐 가면서도 어쩌면 눈길 한 번 받지 못했을 나, 그러나 끝없이 주목받고 있다고 생각하며 살아온 나와 이야기를 나누고 싶다.

나와 이야기를 나눈다는 것은 생각보다 어렵다. 내가 아는 나와 보이고 싶은 나, 숨기고 싶은 나의 끝없는 숨바꼭질 때문이다. 아무려나 이런 여럿의 나를 살살 꼬드기며 이야기를 시작한다.

늦은 나이에 문단 말석에 이름을 올리고 대단한 신분 상승이라도 이룬 듯 가슴 벅차던 때가 있었다. 시를 쓰려는 노력보다 시인이 되려는 노력이 더 컸을 것이다. 시인이 된다는 것이 시 쓰기에 다름 아니지만 그때 나는 거기까지 생각이 미치지 못했다. 그럭저럭 많은 시간이 흘러갔다. 이제 아름다운 글과 멋진 글, 멋 부린 글이 조금씩 눈에 들어오고 벼랑 끝에 서 있는 스스로의 발등을 내려다볼 여유도 생겼다. 그렇게 지나온 길 위에서 많은 친구들을 만났다. 그들은 모두 한 편의 아름다운 시였고 두고 읽을수록 가슴 저린 인연이었다. 모른 척 지나가면 그만이었을 내게 따듯하게 웃어 준 그들에게 새삼 고마움을 적는다.

주변인의 사전적 의미는 둘 이상의 서로 다른 사회나 집단에 딸려 양쪽의 영향을 받으면서 어느 쪽에도 완전히 소속되지 못하는 사람이다. 그렇다면 나여, 나는 어떤 의미의 주변인인가, 시인이라기엔 턱없이 모자라고 아니라기엔 조금 억울한, 이쪽에도 저쪽에도 자리를 마련하지 못한 가엾은 몰골 아닌가. 누구라도 자신의 위치를 정하는 것은 남이 아닌 자기 자신이다. 내가 지금 주변인의 범주를 벗어나지 못한다는 것은 스스로에게 엄하게 물어야 할 문제이지 주변에 책임을 전가할 일이 아니다. 사람에게는 자기 몫의 삶을 꾸려나가야 할 책임이 있다. 그렇다면 나는 주변인으로서의 나에 만족하고 있는지 묻는다. 아니다. 나는 어딘가의, 무언가의 중심을 향하여 달리고 구르고 넘어졌다. 지금도 여전히 기회를 엿보며 신발끈을 고쳐 맨다.

지방 일간지의 신춘문예를 통해 문단에 나온 탓으로 내게는 모지母紙가 없다. 어떻게 줄을 그어도 닿을 수 있는 학연 또한 그저 그렇다. 그렇다고 누군가의 눈을 번쩍 뜨게 할 작품성도 갖추지 못했으니 이러고도 죽자고 문단에 머리를 내미는 것부터가 언감생심 기가 막힐 노릇이다. 맨 처음 나는 내가 대단한 시인이 될 거라고 믿었다. 어딘가에도 썼지만 나는 내 시가 세상을 바꿀 거라고, 아니 세상은 그만두고라도 누군가에게 위로가 될 수 있을 거라고 굳게 믿었다. 풀잎 하나, 티끌 하나도 움직이지 못하는 줄 알게 된 지금도 나는 여전히 내 시의 힘을 믿는다고 우기며 산다. 그렇게라도 억지를 부리지 않으면 내 가엾은 시들은 어쩌란 말인가. 나여, 다시 한번 부탁하거니와 부디 용감하여라. 내 시는 끝내 누군가의 상처에 닿아 위로가 될 것이고 봇물처럼 터지는 웃음에 합류할 것이고 지친 다리를 쉬어 갈 한 개의 돌이 되리라. 주변인이란 이쪽도 저쪽도 아니기에 어느 쪽도 될 수 있다는 가설이 성립된다. 자신이 원한다면 기꺼이 무엇이거나 누군가가 될 수 있는, 나는 주변인이다. 궤변으로 들릴 수도 있지만 아무튼 기회가 있다는 나름대로의 위안을 가지고 산다.

문학을 포함한 모든 예술은 모두 자연과 인간에 그 기초를 두고 있지만 나는 특별히 나를 이루고 있는 몸에 대하여 깊이 천착하고 있다. 몸이란 마음을 담는 그릇이라는 평범한 말을 철석같이 믿으며 갈고 닦는다. 내 몸은 무엇으로 이루어졌으며 무엇이 담겼나 골똘히 생각한다. 어느 날은 내 몸 속에 들어 있는 전생의 꽃잎을 발견하기도 하고 빗장뼈 아래서 뜨끔거리는 누군가의 손톱을 꺼내기도 한다. 어떤 시인은 내게 전생의 유전자를 풀고 있다고 하기도 했는데 내 생각은 좀 다르다. 나는 이미 지나온 여러 번의 생과 지금 지나고 있는 이번 생 또는 다가올 다음 생이 모두 한 선 위에 있다고 믿는다. 내가 혹 풀이나 나무, 한 마리 벌레로 지나온 생이 있었다고 치자. 그때의 나도 지금의 나와 같았을 것이다. 흔들릴 때마다 쓸쓸하고 모르는 발아래 밟힐 것을 두려워하거나 간신히 당도한 그늘 아래에서 배를 두드리며 웃었을 것이다. 나는 다만 모습을 바꾸어 거듭될 뿐 변함없는 유전자를 가지고 있다.

가령 다음 생을 선택할 수 있다면 나는 무엇으로 다시 태어나도 좋으니 시를 쓸 수 있게만 해달라고 부탁하겠다. 그러니까 나여, 나는 세상 모든 것들 속에 시가 들어있다고 믿는다는 것이다. 세상 모든 만물 속에 불성이 있다고 한 부처의 말씀을 패러디하는 것 같아 조금 껄끄럽긴 하지만 아무튼 이것은 변함없는 내 믿음이다. 그렇다면 도처에 들어 있는 그 시를 꺼내야 하겠는데 어쩐 일인지 번번이 빈손이다. 하긴 그렇게 쉽게 내준다면 세상에 시가 남아나겠는가, 남았다 한들 귀하겠는가, 그렇게 미루어 생각한다면 시는 훔치는 것이다. 사물에서, 자연에서, 마음에서 훔쳐 오는 것이다. 사실 가장 힘든 것이 나 자신에게서 훔치는 것인데 왜냐하면 어디에 감추었는지 스스로 알고 어떻게 훔쳐야 하는지 아니까 재미가 없기 때문이다. 가끔은 너무 깊이 감추어 빛바래고 희미한 것들을 꺼낼 때도 있는데 그럴 때 스스로도 잊고 있던 자신의 속살을 어루만지는 기꺼움으로 속눈썹을 적시기도 한다. 어쩌면 내가 시를 쓰는 이유는 이런 자족의 기쁨 때문이 아닐까 생각한다. 내 안의 것들을 꺼내기가 이러한데 하물며 남의 것을 '훔치는' 일에 있어서이랴! 꿈에서도 눈 부릅뜨고 두리번거리고 만나는 것마다 껍질을 벗기려고 달려들고 스치는 것마다 이름 적어두는 버릇으로 내 궁핍한 영혼에 보탬이 되기를 바랄 뿐이다.

나는 내 안의 수많은 '나' 중에서 시 쓰는 '나'를 가장 사랑한다. 생각의 대부분을 시 쓰는 나에게 할애하고 어디 또 나 같은 부류가 없는지 찾기 위해 세상을 기웃거린다. 그러기 위해 돌에게 묻고 길에게 묻는다. 어느 날인가는 늙은 미루나무 등걸에 기대어 천 번도 넘게 누군가의 이름을 부른 적도 있고 모르는 사람의 장례식장에 들어가서 국밥 한 그릇을 달게 비운 적도 있다. 그렇게 헤매다 돌아와서 적어두는 마음의 무늬가 한 편의 시로 완성될 때! 세상 어떤 사랑이 그만한 오르가즘을 허락하랴! 가끔은 죽어도 좋을 만큼 행복하기도 하다. '시'라는 올가미를 스스로 목에 건 나는 끝끝내 시로 하여 살거나 죽을 것이다.

먹빛 하늘을 밀었다 당겼다 함부로 휘젓는 여름 한나절, 아무래도 오늘은 누군가를 불러내어 빈 어깨를 기댈 것 같다.

허균이 그의 친구 李汝仁에게 보낸 초대장을 옮기며 내게 저장된 전화번호 목록을 주르륵 훑는다. 아래의 초대장이 내 마음과 같은 무늬인 걸 알고 우산을 펼칠 그대여. 고맙다.

> 처마의 빗물이 졸졸 떨어지고 향로의 향 내음이 살살 풍기는데 지금 두서너 친구들과 소매 걷고 맨발을 벗은 채 書家에 기대어 하얀 연꽃을 보면서 참외를 쪼개 먹으면서 번뇌를 씻어볼까 하네. 이럴 때에 우리 汝仁이 없어서는 안 될걸세. 자네 집의 늙은 암사자가 반드시 으르렁대며 자네의 얼굴을 고양이 상판으로 만들겠지만, 늙었다고 두려워 위축된 꼴을 보이지는 말게나. 문에서 기다리는 종이우산을 가지고 갔으니, 가랑비를 피하기는 족할 것일세. 빨리 오시게. 만나는 일은 늘 있는 것이 아니라네. 이러한 모임인들 어찌 자주 있겠는가. 흩어진 뒤에는 후회해도 돌이킬 수 없을 것이네.
>
> -허균, 「이여인(이재경)에게 보내다」

꽃 혹은 물고기에 관한 기억

「붉은 수수밭」은 모옌[1]의 소설을 영화로 만든 장이머우 감독의 작품이다. 영화 속에서 붉은 염색 천이 화면을 가득 채우며 휘날리던 장면이 지금도 선명하게 떠오른다.

내 기억 속에는 그와 유사한 또 다른 장면이 있다. 어릴 적 고향 개울가에 널려있던 흰 광목필들이 그것이다. 그 시절 시집가는 처녀들은 누런 깃광목을 햇볕에 탈색시켜 그 위에 자수를 놓아 갖가지 혼수품을 만들었다. 지금은 찾아보기 힘든 횃댓보, 이불보, 양복 덮개 같은 것들이었다. 개울가에 널어둔 광목천 위로 쏟아지던 처녀들의 웃음소리와 햇볕 속에서 하얗게 반짝이던 그녀들의 고른 잇속이 얼마나 황홀했던지.

우리 집에도 어머니가 혼수로 가져온 수예품들이 남아 있었다. 안방의 한쪽 벽을 다 차지한 횃댓보에는 여러 가지 자수가 놓아져 있었는데 나는 그것들을 곰곰이 들여다보곤 했다. '엄마, 이건 뭐야? 무슨 꽃이야?' 하고

---

1) 중국의 소설가. 2012년 노벨 문학상을 받은 최초의 중국 국적 소설가다. 스웨덴 아카데미는 구전문학과 역사, 동시대를 환상적 리얼리즘과 융합시켰다고 선정 이유를 밝혔다.(출처 : 『다음 백과』)

물으면 엄마는 '함박꽃'이라거나 '난초'라고 일러주곤 했다. 여러 가지 꽃들 속에서도 분홍색 꽃잎이 환하던 '함박꽃'이 제일 예뻐 보였다. 꽃잎을 만지면 색실 특유의 보드라운 촉감에 오스스 소름이 돋곤 했다. 나는 횃댓보 속에 머리를 감추고 놀다가 잠이 들어버리기 일쑤였다. 잠 속에서 함박꽃이 만발한 꽃밭을 뛰어다닌 것도 같지만 어쩌면 그것은 내 기억이 지어낸 그리움의 퍼즐일지도 모른다. 훗날 내가 이름 지은 '횃댓보 꽃밭' 속의 꽃들은 모두가 활짝 피어 있었는데 어둡고 핍진한 살림의 한 구석에서 그것은 유일한 빛이었고 웃음이었다. 지금도 나는 활짝 핀 꽃을 좋아하는데 꽃 피기를 기다리는 과정의 즐거움을 건너뛴 채 만났던 엄마의 함박꽃이 내 생애 최초의 꽃이어서일 것이다. 횃댓보 옆에 걸린 양복 덮개는 언니의 중학교 교복 차지였다. 가장이 없는 집안에서는 읍내 학교로 진학한 '큰애'가 모든 식구들의 자존심이었다. 우연이었을까, 양복 덮개에는 물고기 몇 마리가 있었는데 푸른색 비늘이 선명하고 꼬리를 위로 향한 채 금방 앞으로 헤엄쳐 갈 듯했다. 잠잘 때도 눈을 감지 않는 물고기를 데리고 '학생 신랑'에게 시집온 어머니의 가슴은 얼마나 설레었으랴. 그렇게 헤엄쳐 나가는 눈부신 미래를 꿈꾸었으리라. 물고기들은 애초에 예정했던 주인의 시선 밖으로 밀려났지만 작은 주인을 위해 본분을 다했다. 그러나 어머니의 물고기는 바닷속보다 어두운 방 밖으로 나가본 적이 없다. 다만 시들지 않는 함박꽃 옆에서 뜬눈으로 헤엄칠 뿐이었다.

이사를 할 때마다 옮겨 심던 어머니의 함박꽃이 언제 어떻게 없어졌는지 모르겠다. 시집갈 때 가져가겠노라고 열 번 백 번 약속을 받아놓곤 했는데 지금은 함박꽃도 물고기도 종적을 알 수 없다. 그러나 아주 가끔 그것들이 나를 찾아올 때가 있다. 이름도 호사스러운 무슨 무슨 꽃들이 만발한 풍경

앞에 서거나 까닭 모를 바람이 마음을 휘저을 때면 나는 문득 만개한 함박꽃 앞에 서게 된다. 노란 씨방이 유난히 돋보이던 꽃, 그 옆에서 푸른 비늘을 번뜩이던, 사실은 이름도 알 수 없는 물고기의 또렷한 눈동자가 보인다. 눈도 귀도 모두 닫혀가는 어머니에게 횃댓보 꽃밭의 기억이 남아있으랴 싶지만 그것은 나의 지레짐작일지도 모른다. 내가 아끼던 꽃과 물고기의 주인은 어머니이다. 그것들은 어머니가 만들어낸 유일한 꽃이고 유일한 물고기이다. 지금 내 곁에 그것들이 없다는 건 본래의 주인이었던 어머니에게로 돌아간 것일지도 모른다고 생각한다면 지나친 억측이 될까?

아껴 둔다는 건 오래 간직하겠다는 말이다. 그렇다면 마음속보다 더 안전하고 확실한 저장 장소는 없다. 이제 나와 어머니의 마음속으로 옮겨둔 '횃댓보 꽃밭'과 '눈 감지 않는 푸른 물고기'는 언제까지고 씩씩하게 살아서 변함없는 위안이 될 것이다. 지쳐 눕고 싶을 때마다 활짝 웃는 꽃이 있고 눈 감고 싶을 때마다 푸른 지느러미를 힘차게 흔들며 헤엄쳐 오는 물고기를 가슴 속에 넣어두고 살아가는 삶이라니! 아름답지 않은가? 내 삶의 향기로운 비밀들.

(이 글이 발표되기 훨씬 전에 어머니가 돌아가셨다. 그뿐이다.)

소통을 희망으로 불러도 될까?

'三流의 리더는 자기의 능력을 사용하고, 二流의 리더는 남의 힘을 사용하고, 一流의 리더는 남의 지혜를 사용한다'는 한비자의 말을 생각한다. 그는 또 '닭이 울어 때를 알리고, 고양이는 쥐를 잡듯이 부하 한 사람 한 사람이제 능력을 발휘시키면 위에 선 사람은 스스로 할 일이 없어진다. 위에 선 사람이 능력을 발휘하면 일이 제대로 되지 않는 법'이라고 했다.

결국 리더(leader)란 지극히 외롭고 고독하고 냉혹한 자리에 서 있는 자이다. 혹자는 질긴 동아줄처럼 지긋지긋하다는 시간을 초 단위로 쪼개 써야 하고 배려, 화술, 습관의 긍정적인 기본 덕목을 갖추어야 한다. 또한 친구를 비롯한 온갖 인간관계가 원만해야 하며, 그러다가도 어떤 결정의 순간에는 생각과 판단과 선택을 오직 혼자서 감당해야 한다. 숱하게 들려오는 고언을 귀담아들으며 그중의 한마디를 고를 줄 알아야 하고 성공의 가능성을 점칠 줄 알아야 한다.

현장을 읽어낼 줄 아는 밝은 안목과 인간에 대한 신뢰를 갖추어야 하고, 상하를 두루 배려하고 존중할 줄 알아야 하며, 자신의 결정을 책임질 줄 알아야 한다. 게다가 인사의 공평성 또한 덕목 중의 하나이다.

혼자 결정한다는 것이 독단을 말하는 것은 아니다. 모든 상황과 의견과 요구를 두루 살펴 참으로 마땅한 결정을 내릴 때 우리는 그를 리더십(Leadership)이 뛰어난 지도자라고 평하는 것이다. 그러니 그는 정상에 홀로 서서 비바람과 맞서는 한 그루 소나무가 아니겠는가! 비록 허리를 뒤틀어 굽었다고 해도 세상은 그 나무를 청정하다 이르고 우러르며 찾아가 나무의 방향을 함께 바라보는 것이다. 바람을 맞으며 거칠어진 등걸을 쓰다듬고 고개 끄덕이고 간혹 눈물짓기도 하는 것이다.

그럴 때 고독한 '리더'와 그를 따르는 '무리'의 소통이 이루어지는 것이다.

현대 사회의 대다수 불행은 소통의 부재에서 비롯된다. 소통이란 세상을 이루는 모든 관계에 필요조건이 된다. 가족과 이웃과 친구, 나아가 국가와 국민, 또한 나라와 나라 사이에서 불협화음이 생기는 대부분의 이유는 소통의 부재 때문이라고 하겠다.

정부도 사회도 숨통이 콱콱 막힐 만큼 소통의 부재에 빠져 있다. 청와대와 여당, 정부와 여당, 야당과 여당이 제각각의 목소리로, 제각각의 방향으로 내닫고 있으니 제대로 된 정책 집행이 이루어질 리 만무하다.

도대체 우리는 왜 의논과 타협에 이리도 인색한가? 양보와 긍정 쪽으로 발 디딜 줄 모르는가? '할 때까지 해 보자'라거나 '갈 데까지 가보자'는 어처구니없는 싸움을 언제까지 계속하려는가? 이런 오기 싸움은 결국 양쪽 다 패자가 되는 결과가 뻔한 싸움이다.

리더십과 카리스마가 같은 맥락일 수는 없다. 카리스마는 독단에 가까운 그 사람 특유의 인격적 특성으로 강하게 끌어당기는, 권위를 앞세운 강제의 성격을 가진다. 역사적으로 독재정치나 전제 군주 정치에서 보이는 지도자들이 이 경우에 해당된다. 역사가 히틀러를 리더십 강한 지도자라고 부르지 않는 것은 그가 소통을 외면하고 오직 자신과 그 주변의 몇몇 판단을 중심으로 모든 일을 처리했기 때문이다.

'우선 먹기에는 곶감이 달다'는 속담이 있다. 단맛에 홀려 곶감을 빼먹다 보면 지독한 변비로 고생해야 한다. 누군가의 충고에 잠깐만 귀를 기울였어도 겪지 않았을 고통을 자초하는 것이다. 소통을 가르치는 우리 조상들의 비유가 새삼 놀랍다.

대화와 타협에 적극적인 리더가 다른 이들에게 지지와 도움을 받을 수 있으며, 상대와의 융화에 근거를 두고 주변과의 화합을 살피는 것이 가장 바람직한 소통의 자세라고 하겠다.

절대로 끝날 것 같지 않던 여름이 끝나가고 있다. 아침저녁으로 바람은 선선하지만 한낮에는 불볕더위를 퍼부어 들판이 익어가는 중이다. 이제 자리를 바꾸어야 하는 여름과 가을의 소통으로 아름다운 마무리가 진행되는 것이다. 사람 또한 자연의 일부일 뿐이니 저 거룩한 계절의 흐름을 눈여겨보자.

사회 지도층의 솔선수범이 사회적 소통의 공식이 되는 아름다운 세상을 꿈꾼다.

지금 수리 중입니다

옛적에 한 여인이 있어 부러진 바늘을 들여다보며 오호, 애재라! 구구절절 써 내려간 글이 있다. 오늘날 이 나라의 국정교과서에 실리고 그에 영광을 더하여 말만 나와도 애 어른 할 것 없이 주눅이 드는 논술 시험의 단골 내빈이 되었으니 바로 「조침문」[2]이란 명문이다.

내 참으로 그에 미칠 것이라는 오만하고도 방자한 생각은 꿈에도 없지만 그래도 수십 년을 함께 해온 신체의 일부에 대한 예의상 그냥 넘길 수 없어서 이 글을 쓰는 것이다.

섣달 그믐날 저녁이었다. 이제는 조리된 음식의 간이나 보는 고문쯤으로 은퇴한 왕년의 입맛으로 나물인지 부침개인지를 한 입 베어 문 순간 무언가 으지직 씹히는 것이었다. 아니 이 사람들이 정신도 정성도 제집 냉장고에다 두고 왔나, 새해 첫날 조상님 차례상에 올릴 음식에 이게 무슨 기가

2) 조선 순조 때 유씨 부인이 지은 국문 수필. 「제침문祭針文」이라고도 한다. 일찍 남편을 잃고 바느질로 소일하며 지내던 양반 가문의 한 부인이 오랫동안 아끼고 애용하던 바늘이 부러지자 바늘을 의인화한 제문을 지음으로써 애통한 심정을 달랜 것이다.(출처: 『다음 백과』)

딱 막힐 일인가. 내 이 버르장머리들을 확실하게 짚고 넘어가야겠다고 그 뜻밖의 상황에서도 자칭 어른의 권위를 척 꺼내 들고 분기탱천하여 입안의 것을 탁 뱉어냈는데 어라, 뭔가 이상한 것이다. 이리저리 혀를 굴려 입안을 점검해보니 수십 년 간 간직하고 다니던 어금니 하나가 반 넘어 부서져 나가고 날카롭게 날을 세워 뿌리 쪽 일부분만 남은 것이 아닌가.

한동안 치과 치료를 받고 통증이 없어서 다 나았구나 룰루랄라 무사태평으로 지냈는데 모르는 사이 조금씩 썩어갔던 모양이다. 사람은 죽음과 마주치는 순간 자신의 일생이 순식간에 편집되어 파노라마처럼 스쳐 간다더니 지금의 내가 꼭 그런 것처럼 머릿속으로 별별 궁리가 다 지나간다. 기회는 자주 오는 것이 아니다. 돌을 씹었다고 있는 엄살 없는 분노를 다 터뜨려서 부엌 식구들을 쥐구멍으로 몰아넣을까? 통증이 심하다고 이불을 뒤집어쓰고 한숨 늘어지게 잠이나 잘까? 벌레 씹은 얼굴로 이것저것 뒷일을 보살피며 관심을 잡아두었다가 명절 치른 유세로 품삯을 뜯어낼까?

원 세상에, 다른 일에 이렇게 머리가 빨리 돌아갔다면 코스닥의 코 자만 보고도 투자 대상을 맞출 것이고 동네 통장은 몰라도 반장쯤이야 손사레 쳐가며 맡았을 것 아닌가. 아서라, 평소의 꿈이 소시민인 내가 갑자기 급부상하는 것도 반가의 아녀자로서 점잖지 못한 일이다. 사태를 파악할 수 없어서 전전긍긍인 식구들을 보면서 이 천재일우의 기회를 내던지기로 한다.

가난한 집 며느리가 잔칫날 받아놓으면 등창이 난다던가, 부러진 이빨로 넘기는 설날 연휴는 길고도 길었다.

치과 의사 선생님은 딱하다는 듯 혀를 찼다. “진작 오셨으면 어떻게 살려 볼 수도 있었을 텐데 이제는 다른 방법이 없습니다. 뽑으셔야겠는데요.” 아니 그렇다면 먼젓번 치과에서는 무얼 했단 말인가. 그러니 떠나간 님이요 떨어진 꽃이지 흘러간 물로 물레방아를 돌릴 재간이 있겠는가.

긁어 부스럼이라더니 부서진 이빨 말고도 여러 개의 이빨에 이상이 있어서 치료를 하기로 결정하고 병원을 다닌 지 한 달이 넘었다. 지인들이 전화를 할 때마다 묻는다 "아직도 치과에 다녀요?" 묻는 이들도 지겨울 텐데 당사자인 나는 말해 무엇하랴. 게다가 다른 병원과 같지 않고 치과는 우선 말만 들어도, 간판만 보아도 공연히 무섭지 않던가. 예약한 치료 날짜가 다가오면 그 전날 밤부터 황진이 님 품은 저녁이 이만큼 아쉬울까 싶도록 밤이 길었으면 좋겠다. 그러나 평소 매사를 내 중심으로 생각하는 아전인수의 가상한 수련 덕택인지 조금씩 병원이 익숙해지는 것이었다. 익숙해진다는 것이 얼마나 무서운 버릇인지 또 한 번 깨닫는다. 이빨이란 몸 밖에 나와 있는 뼈에 다름 아니라고 알고 있는 나는 이빨에 닿는 금속성 치료기구의 날카로운 소리를 들으며 아, 나는 지금 뼈를 깎는 아픔을 견디고 있구나 하며 스스로를 대견해하고 있는데, 정작 내 뼈를 깎아내는 의사 선생님은 콧노래를 가장한 웅얼거림을 흘리는 것이다. 처음에는 무심코 들어 넘겼는데 차츰 그 소리가 우스워지기 시작했다. 나를 속이려고? 천만에, 나는 안다, 다 안다, 당신이 콧노래를 웅얼거릴 때마다 내 이빨에 한 개씩의 터널이 뚫리고 한 단계씩 아픔이 더해지는 걸 이제 다 눈치챘다. 당신은 지금 별거 아니라고 아무것도 아니라고 어떻게든 나를 안심시켜 놓고 자신의 눈부신 의술을 펼치시겠다는 거겠지. 착상이야 참말로 기가 막히지만 내가 막대기 사탕에 홀려서 집인지 절인지도 모르고 고개 끄덕일 어린애란 말인가? 나는 저 의사의 친절한 속임수가 재미있고 고마워서 한바탕 웃고 싶은데, 칼자루를 쥔 의사 선생님이 내 입을 그림책 속의 하마 입보다 더 크게 벌려 놓고 공사 중이시니 웃을 수도 없지 않은가.

사람은 어릴 때의 이빨 20개가 빠지고 다시 돋은 32개의 영구치로 평생을 살아야 한다. 목숨을 부지하기 위하여 무언가를 씹어야 하고 때로는 자신을 지키기 위하여 물어뜯어야 할 대상을 만날 수도 있으며 이빨을 꽉 깨물고 입을 봉한 채 날 잡아잡수 해가며 배짱을 내밀어야 할 때도 있다. 이렇듯 죽을 때까지 요긴하게 사용해야 할 이빨이 부실한 것은 그 1차적인 책임이 도면을 잘못 그린 우리 부친께 있으며 잘못된 도면을 수정 없이 받아들인 모친 또한 모른다고는 못 할 일이다. 아무려나 만들어주신 것만도 감지덕지 보살피며 살았어야 했는데, 그동안 내가 씹어야 했던 것들이 너무 질겼던 것일까. 아직 한참 더 써먹어야 할 이빨이 부러진 것도 아니고 부서진 것이다. 오호, 애재라! 내가 내 죄를 알아야지….

양치질하라는 간호사의 목소리에 퍼뜩 정신이 든다. 그 사이 의사 선생님은 뺄 것은 빼고 깎을 것은 깎고 재건축하기 수월할 만큼 현장 정리를 끝내신 것 같다. 대충 짐작으로 혀를 굴려보니 '이빨 빠진 것 같다'던 옛말이 실감 난다. 눈앞에 손거울이 있지만 도저히 내 이빨의 실체를 볼 엄두가 안 난다. 현대의학의 발전에 대해서 학술적으로 설명할 지식은 없지만 이빨쯤이야 귀신이 들여다봐도 몰라볼 만큼 감쪽같이 고쳐놓는다는 걸 믿으면서도 맥없이 참담한 심정이 된다. 어쩐지 눈물이 날 것도 같다. 내 몸이 이제 조금씩 망가지는구나, 부품을 갈기 시작하는구나, 닦지 않아도 으리번쩍 빛나던 청춘의 한 시절이 갔구나, 별별 유행가 가락을 다 끌어다 대다가, 얼른 생각의 고삐를 당긴다. 아니다, 현대의학도 정말 어쩔 수 없어 두 손 드는 경우도 많지 않은가.부품 교체나 수리 정도로는 어림도 없는 불행이 지금 이 순간에도 얼마나 많은 이들의 인생에 대못을 박고 있으랴. 글자로 써 내려가기 죄스럽지만 세상에는 한쪽 다리가 긴 사람도 있고 아예 없는 사람도 있고, 새 소리를 못 듣는 이, 구름을 볼 수 없는 이들도 얼마나 많은가. 내가 이 정도를 가지고 눈물 어쩌고 하는 건 삶을 너무 만만하게 보는 시건방진 수작 아닌가라고 스스로를 힐난해 본다.

얼마 후면 내 이빨은 어쩌면 우리 부친이 만들어주셨던 그것보다도 더 예쁘고 튼튼하게 다시 돋을 것이다. 그것은 또한 매우 단단해서 내 앞을 막아서는 어떤 질긴 것들도 능히 씹어 넘길 수 있으며, 내 안으로 들어오고자 하는 불순한 것들을 막기 위해 야물게 막아설 수도 있을 것이다. 이 얼마나 눈물겨운 축복이란 말인가!

고장 나고 망가진 것들을 고치는 세상의 모든 손 위에, 그 거룩한 승리 위에, 복 있을진저!

화양연화

독일의 어느 치매 요양병원에서 정문 앞에 가짜 버스 정류장을 만들어 두고 있다는 기사를 읽었다. 석양증후군이라고 부르는 치매 증상의 환자들을 배려한 시도라고 한다. 해가 지면 어딘가로 돌아가야 한다고 생각하는 입원 환자들이 가짜 버스 정류장에서 버스를 기다리며 앉아 있다가 석양 무렵이면 오늘은 버스가 끊겼으니 내일 다시 기다리자는 직원들의 권유로 병원으로 돌아간다고 한다.

수구초심首丘初心이라는 말도 있다. 여우가 죽을 때 제 굴 쪽으로 머리를 두고 죽는다는 말이다. 짐승조차 그러한데 하물며 사람이야 오죽하겠는가? 자신이 살아온 기억이 지워지는 슬프고 끔찍한 병, 치매를 앓으면서도 돌아갈 곳을 찾는 생태적 그리움은 남아 있는 것이다. 오직 돌아간다는 것 그 이상의 무엇도 없을 테지만(이 또한 나의 속단이기를!) 세상 무엇으로도 표현할 수 없는 인간의 간절함에 가슴이 시리다.

우리는 어째서 지나간 것을 그리워하고 다가올 것들을 두려워하는가? 자신이 지워진 저들이 돌아가고 싶은 곳은 정녕 어디일까? 아무리 뛰어난 현대의학이라고 해도 어쩌면 짚어낼 수 없는 환자의 내면세계가 존재할 수도 있지 않을까? 허무맹랑한 욕심일 테지만 그렇게 믿어보고 싶다. 그들이 집으로 돌아가고 싶어한다는 것은 의학의 대답이고 정말 그런 마음이기를 바라는 것은 더불어 살았던 건강한 사람의 측은지심이다. 누구라도 삶의 한 페이지쯤 기억 저편에 아껴 두고 있지 않을까라는 부질없는 희망을 가져본다.

종교와 상관없이 전지전능한 어떤 존재가 있고 그가 지닌 한가지 능력을 잠시 빌릴 수 있다면 나는 어떤 선택을 할까 생각해 본다. 혹, 내 목숨의 시계를 되돌릴 수 있는 능력을 빌리고 싶을까? 글쎄 그렇지는 않을 것이다.

꽤 나이가 든 편이니 돌아보면 내게도 아름다운 시절이거나 순간이 왜 없겠는가? 그러나 돌아가고 싶을 만큼의 지점은 찾기 어렵다. 「화양연화」라는 시를 쓰면서 나는 멸치국수 말아주던 어머니 이야기를 했다. 그러니까 내게 가장 아름답던 순간은 어머니와 함께 지내던 때이다. 어머니는 구십을 넘기고 떠나셨다. 예견된 이별이었지만 세상 어느 자식이 부모의 마지막을 담담히 견딜 수 있으랴.

책장에 꽂아두고 오래 꺼내지 않은 책처럼 가슴 복판에 꽂힌 이름을 가만히 더듬어 본다. 이번 생에서 나와 인연이 있는 이름들이 점차 멀어진다. 조금씩 아프거나 많이 아프거나 혹 몸을 앓고 혹 마음을 앓는 이름들이 늘어난다. 현대의학으로도 손쓸 수 없는 병명이 생각보다 많다. 병이란 목숨 가진 것들이 피해 갈 수 없는 삶의 순서에 적혀있는 것이니 도망칠 곳도 없다. 다만 그 시기를 조금 늦추거나 증상을 완화시키기 위해 의학의 힘에 기대는 것이다. 그럴 수 있다면 환자가 자신의 병을 인정하고 편안하게 받아들일 수 있게 도와주는 것도 치료의 범주에 들 것이다. 대부분의 사람들은 죽음을 얘기할 때 아쉽기보다는 두렵다고 한다. 영원히 살 수는 없으니까 죽는 것을 인정하기는 하지만 모든 목숨에게 죽음은 두려운 것이다. 나무꾼이 도끼를 들고 다가오는 발소리가 들리면 갈참나무 이파리가 흔들린다는 이야기도 있다. 특별히 간절하고 애틋한 화양연화의 시절이 아니더라도 목숨의 매 순간이 소중하고 고통의 순간조차 그리울 수도 있다. 다시는 돌아가고 싶지 않다고, 정말 지긋지긋하다고 고개 흔드는 삶이었다고 해도 지워진다고 생각하면 눈물부터 앞서는 것이 삶이다.

우리는 살면서 여러 번의 이별을 경험한다. 죽음이 아니더라도 이별은 일상의 곳곳에 도사리고 있다. 가족 중에 치매 환자가 있다면 환자 본인은 물론이고 주변 모두가 참담한 아픔을 견뎌야 한다. 한 사람의 역사가 지워진다는 것은 그와 인연의 끈을 나눠 쥔 모두가 함께 감당해야 하는 이별의 형식이다. 마음도 생각도 지워지고 본능조차도 인지하지 못하는 피붙이를 바라보는 고통은 세상의 어떤 말로도 설명할 수 없다.

석양증후군 환자들의 화양연화를 생각해 본다. 그들이 돌아가고 싶어 하는 지점은 어디일까? 하릴없이 지워져 가물거리는 기억 속에 남아 있을 무늬는 누구도 짐작할 수 없다. 누구라도 무덤까지 가지고 갈 비밀 하나쯤은 있다지 않는가. 어디라고 특정하지 못하지만 돌아갈 곳을 마음에 품고 있다는 것만으로도 잠깐의 위로가 되기를 바란다.

우리가 행복하다고 부르거나 느끼는 순간은 삶의 모든 순간에 있는 것이 아니다. 돌아보면 그립고 아쉬운 한순간이 사실은 삶의 가장 빛나는 순간이 되기도 하는 것이다.

어쩌면 우리는 지금 오랜 후에나 깨닫게 될 화양연화의 순간을 지나고 있는 것인지도 모른다.

좋은 글을 만나는 행복

우여곡절이라는 말보다 훨씬 강도가 높은 말이 무엇일까 생각해 본다. 별별 과정과 사연을 겪으면서 이사를 하는 일에 매달려 정신을 놓고 있다가 모처럼 펼친 장석남의 글에서 '주소 유감'을 읽는다. 주소를 옮기는 일로 골몰하던 내 상황과 절묘하게 마주치는 제목이다. '세속적이고 속된 주소지가 아닌 내 정신과 숨결과 꿈의 주소지'라는 문장에 밑줄을 긋고 한참을 생각에 잠긴다. 그럴 수 있다면 더 무엇을 바랄까만, 그야말로 꿈 같은 이야기이다. 누군들 자신의 가슴에 적어둔 주소가 없으랴! 누구는 점점 희미해지고, 누구는 더욱 또렷이 각인되는 주소. 그러나 어느 쪽도 꿈에서 벗어나지 못하기는 마찬가지인 주소. 결국은 슬픔 따위로 고쳐 적어야 하는 그런 주소를 생각하는 아침이다.

장석남의 목소리는 이제 막 봄볕을 만나 흐르기 시작하는 냇물과 닮았다. 조용하고 명징하다. 손을 담그면 오스스 소름이 돋을 만큼 시리지만 잠시만 가만히 있으면 천천히 따스해진다. 큰 소리를 내지도 않으면서 여전히 흘러가는 봄 물결이다. 햇볕은 적당히 밝고 친절하다. 비교적 오래전에 쓴 글들인데 나이를 짐작할 수 없는 깊은 사유의 폭이 놀랍다. 표제작인 「물 긷는 소리」의 문장 중 '뭇 새가 깨어 울기 시작하며 나무들도, 처마도, 마당도, 부엌들도, 신발들도 깨어나기' 시작한다는 놀라운 표현을 본다. 경험이 아니고서는 나올 수 없는 문장이다. 그는 또 음악 속에서 삶의 속살을 꺼내오는 놀라운 재주를 가졌다. 토지대장 속에서 클라리넷을 불러내는 시인이라니, 그를 무어라고 불러야 할지 모르겠다. 그의 시집 『마당에 배를 매다』를 읽으면서부터 그의 문학을 흠모하던 내게 그의 산문을 새겨 읽는 일은 또 다른 행복을 느끼게 한다. 그의 글에는 특별히 배 이야기가 많이 나오는데 어디론가 떠나고 싶어 하는 심정적 방랑의 발로가 아닌가 짐작해 본다. 산속을 찾아 거처를 옮기기도 하고, 고등학생 때 머물던 방을 찾아가 보기도 하는 그의 행적은 부럽기까지 하다. 생각이거나 꿈을 생활로 끌어내기란 얼마나 지난한 일인지 우리는 모두 알고 있기에 그의 삶이 더욱 그림처럼 보이는 것이다. 만약 내게 계단이 있는 집이 허락된다면, 나도 그처럼 계단을 허물고 작약 꽃을 심을 수 있을지 마음에 물어본다. 생각을 행동으로 옮기는 일은 생각보다 어렵다.

이제 그의 문장을 이야기해야겠다. 그의 문장은 야단스럽지 않다. 글의 품격이 사뭇 향기롭다. 담담하고 소박한 이야기를 나직나직 풀어낸다. 그가 사랑한다는 댓잎 소리처럼 고요하지만 가슴이 떨리고 마음이 아득해지기도 하는 소리이다.

이런 종류의 산문집이 자신의 생활과 사유의 세계를 사실대로 적어간 글이라고 할 때, 얼마쯤은 머뭇거려지는 이야기도 있고 감추거나 덧칠하고 싶은 이야기도 있는 법이다. 실제로 그러한 글들도 많이 있다. 이 부분은 나의 편견일지도 모르지만 아무튼 나는 그렇게 생각한다. 그런데 「물 긷는 소리」의 글들은 자신의 이야기를 하되 그 이야기가 모두의 이야기가 되도록 끌어 올려지고 있다. 슬픔을 적어도 슬픔이라고 설명하지 않는다. 그것은 행복을 웃으면서 이야기하지 않는 것과 동일하다고 하겠다. 가령 '어느 비 오는 밤 현동 용슬재에 어떤 일이 있었다'에 나타나는 애완견 이야기를 보면 개를 만나고 기르고 새끼를 얻고 개가 죽기까지의 이야기이다. 자신의 간섭으로 강아지들이 죽어버린 과정도, 새끼의 죽음 앞에서도 주인을 반기던 개를 바라보는 심정도, 그 개를 안락사시키는 결정도 사실 기막힌 이야기이다. 그 막막한 순간을 그림을 그리듯 쓰고 있다. 땡볕 아래에서 아무 말 없이 한 모금 냉수를 마시듯 그저 그만큼이다. 그 슬픔이 하도 고요해서 함부로 숨을 쉴 수 없다. 그는 또 자연을 사랑하고 자연 속에 머물기 위하여 산속으로 찾아갔지만 '자연은 어질지 않다'는 옛글을 생각한다. 그것은 자연을 향한 경외심에서 비롯된 심사일 것이다.

책의 후반부에는 그가 인연 맺은 아름다운 이름들이 나온다. 모두가 들어서 알만한 이들이다. 그러한 인연을 맺고 산다는 건 그도 또한 그들에게 똑같은 인연이라는 것이다. 누가 누구에게 어떤 사람인가를 세상에 밝혀 적는다는 것은 쉽지 않은 일이다. 하물며 세상에 그 이름이 널리 알려진 사람이라면 더욱 그렇다. 스스럼없이 자신의 인연을 밝힐 수 있다는 것은 얼마나 커다란 행복인가. 그런 스승과 그런 친구를 얻는다는 건 여간한 복이 아니다. 그는 시가 세상을 건너가는 지팡이라고 쓰고 있지만 사실은 스승과 친구와 그들의 그늘이 세상의 외진 길에서 그를 인도하는 지팡이일 것이다. 곁에서 뵌 적도 없고 그분 또한 세상에 나 같은 사람이 존재한다는 것조차 모르셨지만, 시인으로서 존경해 마지않던 오규원 선생님의 이야기를 읽다가 문득 목이 콱 막혔다. 그분을 스승으로 모실 수 있었다니, 부럽고 부럽다. 시를 쓰겠다고 묵정밭에 나뒹구는 돌멩이처럼 혼자서 부대끼며 여기까지 온 내 모습이 자꾸만 서러워진다. 그러나 잠깐 생각을 돌리면 그 묵정밭에 '시'라는 씨앗을 뿌리겠다고 고군분투하는 내가 대견하다. 발아를 장담할 수는 없지만 그렇다고 파종조차 시도하지 않는다는 것은 비겁한 짓이다.

나는 이 글을 쓰면서 이 책에서 배운 한 가지를 꼭 실천하려고 결심한다. 브람스를 배워보겠다는 것이다. 음악에 관한 한 누구도 믿기 어려울 만큼 무지하지만 브람스의 곡 중에 〈다시 너에게 가지 않으리〉라는 곡이 있다는 걸 처음 알았다. 게다가 가사가 없는 연주곡이라고 한다. 도대체 연주곡에 어떻게 저런 제목이 붙었을까? 또 나는 왜 지금까지도 그런 제목의 음악이 있다는 걸 모르고 살았을까? 그러고 보면 나는 모르는 것이 너무 많다. 아직도 시가 어디에 사는지 파악하지 못한다. 그저 내 마음속이나 후벼파는 나의 옹졸함이 이 책을 통해서 더욱 확실해졌다.

세상에 존재하는 모든 사물의 본질을 들여다보고 그것으로부터 시적 사유를 이끌어내는 장석남의 그것을 배우고 싶다. 지붕 처마 밑에서 태어난 고양이를 돌보는 심성도, 구절초 앞에 오래도록 쭈그려 앉아 있는 여유도 배울만한 시선이다. 무엇보다 그는 글을 만들지 않고 '쓰는' 사람이라는 데 밑줄을 긋는다. 막아도 막아도 물이 새는 연못을 파고 기꺼워하는 시인, 결국, 그 연못에 물이 고이도록 하는 그것이 바로 시를 찾아내는 시인됨일 것이다.

마당에 배를 매고 한사코 밀어내는 시인처럼 나 또한 오늘은 마음에 배 한 척을 띄운다. 좋은 글을 만나는 행복이 사뭇 기껍다. 내 마음의 배가 어디로 밀려갈 것인지는 모르지만, 어쩌면 영원히 마음을 벗어나지 못하고 표류할지라도, 그러나 나는 나의 배를 열심히 손질하겠다.

망종이 지났으니 보리가 익었을 테고, 보리가 익었으니 앵두가 한창일 것이다. 나 아니어도 누군가 그것들을 기꺼워하며 바라보리라. 내가 비록 저 마음의 주소에 방 한 칸 들이지 못한 채 이번 생을 건너가지만, 이처럼 아름다운 글을 만나는 호사를 누릴 수 있으니 그것만으로도 내 앞의 벼랑을 견딜만하다.

붉은 여왕[3] 유감

'제자리에 있고 싶으면 죽어라 뛰어야 한다'던 말을 자주 생각합니다. 붉은 여왕의 나라뿐이겠습니까? 곰곰 생각하면 멈춘 것도 아니고 달린 것도 아닌 세상에서 여전히 헤매는 까닭이 죽어라 뛰었어도 뒤처졌거나 혹 너무 앞서다가 길도 일행도 다 잃어버리고 혼자가 된 건 아닌지 싶기도 합니다. 세상은 앞으로 나가도 뒤에 처져도 혼자가 되는 것이었습니다. 여기가 내 길이고 내 자리라고 천 번 만 번 생각했겠지요. 뛰다가 엎어져 코가 깨지고 무릎이 깨진 날들을 일일이 적어두는 일은 이제 그만두겠습니다. 그렇게 적고 있느니 한 걸음이라도 더 나가라고 하시겠습니까? 그런데 꼭 앞으로 나가야 할까요? 내가 속한 세계의 사물들이 모두 앞으로 달려가는 것을 물끄러미 바라보며 뒤에 남으면 어떻게 될까요? 잠깐 멈추어 구름을 보거나 바람을 만지작거리는 건 어떨까요? 달려가는 세계와 그 세계를 이룬 사물들 앞에는 무엇이 준비되어 있습니까? 그것까지 말씀해 주셨어야지요. 하긴, 여왕도 알고 나도 알고 세상이 다 아는 길 끝의 상황을 만나기 위해 굳이 뛰어야 할까요? 달리는 것들의 힘으로 세상을 밀고 가는 중이라구

3) 루이스 캐럴 『이상한 나라의 앨리스 』의 속편 『거울 나라의 앨리스』 중에서.

요? 아니요. 달리는 것들의 발아래 엎드려 버티는 존재도 있습니다. 그것들의 힘 또한 잊지 말아야지요. 꼭 제자리를 지켜야 하느냐고 억지를 부려보겠습니다. 그렇지 않으면 뒤처진 것들의 변명도 애원도 설명할 수가 없습니다. 사실 달린다는 건 각각의 차이가 있으니까요. 나무늘보와 얼룩말이 함께 달리는 세상이 가능하겠습니까? 나무늘보는 나무늘보로 태어났고 얼룩말은 얼룩말로 태어났을 뿐입니다. 거꾸로 매달려 뜯어 먹는 나뭇잎과 초원을 내달리며 뜯어 먹는 풀이 똑같은 초식이라고 우기지 마십시오.

달리다가 멈추어 숨을 고르고, 뒤돌아보는 시간을 사랑합니다. 평생토록 달려도 몇 그루 나무를 벗어나지 않는 나무늘보의 삶을 사랑합니다. 달리고 달려도 목숨을 노리는 포식자들의 입을 피하기 힘든 얼룩말의 세상도 사랑합니다. 나무늘보는 얼룩말이 달리는 초원을 꿈에서도 못 만날 것입니다. 그러니 위험 속에서 만나는 평화로움의 전율을 짐작도 못 할 테지요. 끝없이 펼쳐진 초록의 세상 끝에서 타오르는 저녁노을을 볼 수 없을 테지요. 모르고 살고 모르고 죽을 세상이니 그립지도 않을 것입니다. 달리지 않고도 살아남을 수 있고 먹을 것을 찾을 수 있다고 아무리 설명해도 얼룩말은 믿지 않을 것입니다. 목숨 가진 것들은 본 것과 들은 것들만 믿는 편이니까요.

나는 나무늘보가 아닙니다. 그렇다고 얼룩말도 아니지요. 나무늘보와 얼룩말 사이에는 나와 같은 수많은 목숨들이 있습니다. 그들은 제각각 걷거나 뛰거나 날거나 혹은 가만히 서 있기도 합니다. 가령 운동이라는 명목으로 뛰거나 걷는 무리를 물끄러미 지켜보는 저수지 살구나무나, 열매 가득 매달고 빗줄기 퍼붓는 초여름을 전전긍긍 견디는 살구나무를 바라보는 은목서 나무의 팔랑거림도 있습니다. 나무들 아래 쉽게 눈에 띄지 않는 벌레들의 집도 있습니다. 어느 아침인가 누운 향나무 밑에서 기어 나오는 어린 뱀 때문에 주저앉은 적이 있습니다. 뱀은 나 같은 건 쳐다보지도 않고 저수지 물속으로 빠르게 잠겨 들었습니다. 인간은 얼마나 많은 걱정을 스스로 만들어내는지요. 저수지 가까이 사는 것으로 미루어 그 뱀은 독이 없는 물뱀이었을 것입니다. 생각하면 나는 뱀의 독을 무서워한 것이 아니고 그 생김새에 기겁을 한 것이지요. 뱀은 뱀의 형상으로 최선을 다해 태어났을 뿐인데 파충류에 대한 나의 편견과 눈으로 보이는 생김새 때문에 뱀을 적으로 여기고 있었던 것입니다. 어쩌면 이쪽에서 저쪽으로 건너가는 뱀의 일과에 내가 끼어들었는지도 모릅니다. 그러나 내 생각은 그렇지 않았군요. 하필이면 내가 지나갈 때 나타낸 뱀이 잘못이라고 놀랐던 것입니다.

사람과 사람의 사이에도 이런 편견이 존재하겠지요. 상대가 나를 싫어할 것이라는 지레짐작으로 눈을 돌리지는 않았을까요? 사실은 내 마음이 먼저 문을 닫아걸었으면서 상대가 걸어 잠궜다고 우겼던 적은 없었을까요? 나는 지금도 나를 먼저 용서하면서 삽니다. 앞으로도 그럴 것 같습니다. 내가 특별히 이기적인 사람일까요?

무작정 달려서 주변 세상에서 뒤처지지 않고 산다는 것은 결국 제자리를 지키는 것일 뿐인데요. 평형관계[4]를 접어두고 뒤처지는 바보로 살고 싶습니다. 물론 생각하는 대로 살지 못하는 나를 잘 압니다. 생각이 그저 그렇다는 것입니다. 뒤처지지 않아야겠다고 신발을 고르고 허리띠를 졸라맵니다. 밤을 새울 때도 있습니다.

그러거나 말거나 꽃은 피고 새는 울고 바람이 부는데 말입니다.

---

4) 시카고 대학의 진화 학자 밴 베일른(Leigh Van Valen)이 생태계의 쫓고 쫓기는 평형 관계를 묘사하는 데 썼으며, 그가 이러한 진화학적 원리를 '붉은 여왕 효과'(Red Queen Effect)라고 부른 것이 현재에 이른다.(출처 : 『다음 백과』)

모질다, 사람

그 집은 도로 쪽으로 열려 있는 창고 겸 차고에 강아지 두 마리를 매어두고 기르기 시작했다. 무릇 어린 것들은 다 예쁜 법이어서 오며 가며 녀석들 어르는 재미가 쏠쏠했는데 어느 날 문득 바라보니 강아지가 아니라 개라고 불러야 할 만큼 자라 있었다. 자라서는 또 자란 대로 늠름하고 미더워 보이던 그중 한 마리가 햇솜 뭉치처럼 복슬복슬한 새끼 여덟 마리를 낳았다고 주인 아주머니의 입이 귀에 걸렸다. 녀석들은 장마철 오이보다 더 빨리 자라는 듯 제 어미가 처음 왔을 때만큼 예쁜 강아지가 되어 굼실굼실 놀았다.

그날도 습관처럼 시선을 돌려 녀석들의 놀이터를 바라보니 이상해라, 차고는 깨끗이 청소된 채 강아지는 한 마리도 보이지 않고 어미 개 혼자 빈 콘크리트 바닥 위에 망연자실 앉아 있다. 퉁퉁 분 젖가슴에서는 쉴 새 없이 젖이 흘러 가슴을 흠뻑 적시고 있다. 묻지 않아도 자명한 일이다. 강아지들은 모두 다른 집으로 입양되었을 것이다. 세상에, 한 마리라도 남겨주지 저 젖을 어쩌누, 나는 그만 목이 콱 메어 왔다.

자식에 대한 모정이야 사람이나 짐승이나 같을 것이다. 젖도 떼지 않은 어린 것들을 다 잃은 저 어미의 가슴이 지금 어떨 것인가. 물론 그 많은 강아지들을 다 기르기야 어렵겠지만 젖을 뗄 때까지만이라도 같이 두던가, 그도 아니라면 한 마리쯤 남겨주는 인정을 베풀었으면 좀 낫지 않았을까 싶다. 하긴 그렇게 따진다면 육식을 하고 사는 나도 다를 것 없지 하고 생각하며 돌아선다. 온종일 녀석의 젖은 젖가슴이 어른거렸다.

사람이 태어나서 어머니로부터 먹는 젖은 여덟 섬 네 말이라고 한다. 지금이야 모유를 먹이는 경우가 극히 드문 세태이지만 모유든 우유든 그것을 먹여 기르는 어머니의 사랑과 정성이야 같을 것이다.

젖은 그 어미가 새끼를 위하여 내놓는 흰 피이다. 그러므로 세상의 모든 새끼들은 어미의 피로 빚어 그 피를 먹고 자라는 것이다. 그렇게 자란 새끼들은 다시 어미가 되고, 새끼를 낳으며 목숨의 순환이 이루어진다. 그런데 세상을 살아간다는 일이 그리 만만치 않은 것이어서 여덟 마리의 새끼를 모두 잃은 저 어미 개처럼 사람도 제 새끼를 잃거나 버리고 살아야 하는 경우가 종종 있다. 그것이 어떤 상황이었다고 해도 어미와 자식이 나뉘는 슬픔은 지구상에 존재하는 어떤 슬픔보다 크고 깊을 것이니 함께할 수 있다는 것만으로도 축복이라고 여기며 살아야 할 것이다. 그런데 대개의 사람들은 사랑을 사랑으로 느끼고 감사하며 사는 방법에 서툴러서 자칫 그 다함 없는 모정을 잊고 살기 쉽다.

우리는 가까운 곳을 찬찬히 바라보거나 사랑할 줄 모른다. 내게 정말 귀한 것들이 내 가까이 있음을 자주 잊고 더 먼 곳, 더 많은 것, 닿을 수 없는 것들을 그리워한다. 내게 베풀어지고 있는 사랑을 당연히 내 몫이라 여기고 감사할 줄 모른다. 세상의 무엇으로 모정을 셈할 수 있으랴만 잊지 않고 사는 것 하나만이라도 지켜야 할 것이다.

생각은 이내 나를 젖 먹여 길러주신 어머니께로 향한다.

지난여름 노모를 찾아갔던 날은 정수리가 벗겨질 듯 더운 날씨였다. 몇 번씩 차를 갈아타며 세 시간이 넘게 걸리는 먼 길이었다. 어머니가 사시는 4층의 문 앞에 당도한 내 몸은 물에서 금방 건져낸 듯 땀에 젖어 김이라도 날 듯 뜨겁다. 얼른 들어가서 찬물을 뒤집어써야지 하며 벨을 누르니 아무 기척이 없다. 평소 귀가 어두우신 어머니를 생각하며 연거푸 벨을 누르고 이웃집에서 내다볼 만큼 세차게 문을 두드렸다. 거동이 불편하신 데다 이런 더위에 외출을 하셨을 리도 없는데 문은 열리지 않는다. 우유 투입구에 대고 소리를 지르고 전화를 수십 번도 더 걸어본다. 회사에 있는 동생에게 전화를 해봐도 집에 계실 것이라는 대답뿐이다. 혹시 싶어 마을을 돌아다녀 보지만 오늘은 본 사람이 없단다.

혹여 혼자 계시다가 쓰러지신 건 아닐까, 슬며시 걱정이 시작된다. 죽을 것 같던 더위도 잊고 발을 구르기를 한 시간쯤, 그래도 혹시 하며 다시 문을 두드리는데 천천히 문이 열린다. 왔냐? 반갑게 웃으시는 어머니 머리카락에서 물이 뚝뚝 흐른다. 아이구 엄마, 왜 그렇게 문을 안 열어요? 울음 반 반가움 반으로 덥석 안기는데 어머니 몸에서 보리쌀 삶는 쉰내가 풍긴다. 나 목욕 하느라구 못 들었지. 어머니는 발그레 웃으신다. 뭔 목욕을 그렇게 오래 해요? 내 목소리에도 물기가 묻어난다.

팔순을 넘긴 후로 어머니의 귀는 반쯤 닫혔다. 답답하고 속상하기로야 내 속도 어머니 못지않지만 나는 자꾸 어머니를 달랜다. 그동안 많이 듣고 사셨으니까 이제 조금만 들으라고 그런 거예요. 좋은 소리만 들으세요. 쓸데 없는 소리들 안 들으면 좋지 뭘 그래요. 내가 너스레를 놓으면 글쎄 그렇기도 해. 어머니도 다 아시면서 맞장구를 놓으신다. 이상한 것은 큰 소리보다 작은 소리를 더 잘 들으신다는 거다. 전화에 대고 악을 써도 통 못 들으시는데 이렇게 마주 보고 앉으면 예전 하던 대로의 이야기도 꽤 알아들으신다. 곰곰 생각해 보니 어머니는 입술을 읽으시는 거였다. 내 표정을 읽으시는 거였다. 가까이 모시지 못하는 불효가 가슴을 할퀸다.

그러나 이런 애틋함도 잠시일 뿐 나의 일상으로 돌아가면 나는 또 어머니를 잊고 산다. 바빠서, 힘들어서, 어려워서, 온갖 핑계를 끌어다 대며 나를 합리화시킨다. 그러다가도 정말 바쁘고 힘들고 어려우면 그때 어머니를 생각한다. 어머니 나 어쩌면 좋을까요, 흡사 그 모든 어려움이 어머니의 잘못이라도 된다는 듯 없는 어머니를 향해 투덜대고 발 구른다. 어머니니까 그래도 된다. 내 어머니니까.

세상의 모든 어머니는 자식에게 화를 내도 안 되고, 모른다고 해도 안 되고, 밉다고 해도 안 된다. 너는 예쁘고, 너는 착하고, 너는 똑똑하다고 해줘야 한다. 왜냐하면 어머니니까. 또 어머니는 아프지도 않고, 슬프지도 않고, 외롭지도 않고, 늙지도 않아야 한다. 어머니는 늘 씩씩해서 아무 때나 내가 부르면 달려와야 한다. 뭐든지 다 해줘야 한다. 내 아이들도 다 보살펴야 하고 때때로 내 남편에게 으름장도 놓아줘야 한다. 어머니는 아직 팔순밖에 안 되셨으므로 내게 뭐든지 해주실 수 있다.

나는 지금도 어머니가 당신의 치마를 줄여 내 원피스를 만들어 주시면 좋겠다. 내가 아무리 늦게 들어가더라도 문 앞에서 기다려 주셔야 하고, 맛있는 것은 절대로 혼자 드시지 말고 아껴 뒀다가 나만 주시고, 내가 누구와 머리채를 잡고 싸워도 내 편만 들어줘야 한다. 내가 내 아이들만 데리고 좋은 곳에 놀러 갈 때는 집을 잘 지켜주시고, 돌아오면 바로 먹을 수 있도록 저녁밥도 해주시면 좋겠다.

기가 막혀라. 나는 이런 딸이다. 서른 살의 딸 출퇴근을 챙기느라 어머니께 안부 전화 같은 건 까마득히 잊고 사는 딸이다. 팔순의 노모께서 오늘도 이웃을 붙잡고 자랑이 한참일, 먼데 사는 딸이다.

유랑의 뼈를 수습하다

그들이 나를 스친다고 믿었다. 한사코 팔 뻗어 움켜쥐려 하다가 엎어지고 엎어지고 엎어지면서 온몸으로 막아서는 방법을 생각해 내기도 했으며 때로는 욕설을 퍼붓고 돌아선 적도 있다. 무늬가 되지도 못하는 상처들 위에 소금을 뿌리는 치기로 밤을 새웠다.

어쩌다가, 나는 알게 되었다. 스치는 것은 그들이 아니고 나 자신이었더라는 것을! 나는 너무 많은 것들을 지나왔다. 그들의 이름을 부르는 것만으로도 이곳의 한 생애가 저물 것 같았다. 그러나 애석하게도 나는 그들이 내 살점의 일부라는 것을 눈치채지 못하고 함부로 건너뛰고 밀어내고 등 돌렸다. 나의 창작은 무심히 스친 것들에게 사죄하는 정직한 고백이다. 어디서부터 시작해야 하는 속죄인지 가늠할 수 없으므로 소금을 뿌렸던 상처를 다시 헤집어 보고 있다. 그러나 헤집으면 헤집을수록 굵고 질긴 뿌리가 나온다. 뿌리는 다시 수없이 많은 실뿌리를 기르고 살 속을 파고들어 터를 잡는다. 더 이상 그것들을 감당할 수 없으므로 바라보는 방법을 터득하려 한다.

당신도 겪은 적 있을 것이다. 마음에 적어둘 것도 없이 내 편이라고 믿었던 것들로부터, (사람이거나 나무이거나 돌이거나 혹은 한 방울의 이슬일지라도!) 뜻밖에 내침을 당했을 때의 당혹감. 그 아득함. 그가 나를 밀친 줄 알았는데 다시 생각하니 사실은 내가 등 돌린 것이었을 때의 적막을 당신도 겪었을 것이다. '비위가 상한 것'은 그가 아니고 나였다. 나는 아직도 '향기에 이르지 못하는 어린 어둠' 속에서 허둥대고 있다. '가슴을 탁탁 두드려 숨을 고르'지만 그것은 '막막한 것들끼리'의 위로일 뿐, 환영처럼 흐르다가 멎는 '한 줄기 와디'일 뿐이다.

오늘도 바람을 빙자한 당신이 '허겁지겁 내 심장을 파먹고' 돌아간다. 나는 그저 '빈 뼈마디에 가득가득 물을 채우'며 '천 년 전의 이야기' 속에 '앵두알만 한 심장의 씨앗'을 심는다. 당신이라는 빛줄기를 만나는 발아의 한 시절이 올 것을 믿는다. 내가 혹 '벙어리 울음을 더듬'으며 떠돌지라도 '천 년이 천 번쯤' 지나더라도 '어딘가 약에 쓰일 맹독이 있을' 거라는 믿음은 변하지 않을 것이다.

'쉽게 상하거나 물크러지기' 쉬운 '물기 많은' 마음에 '소금 훌훌 뿌린'다. '나중에 아주 다른 이름으로 불릴'지라도 여기서 오래 당신을 기다리기 위함이다. 그러나 '몸에도 마음에도 부릴 곳 없는' 당신 때문에 나, '늙은 승냥이처럼 컹컹컹 울면서 갈비뼈'를 후벼 판다. '사람이 다스릴 수 없는 치명적인 독'을 남긴 당신.

여전히 모습 보이지 않지만 지워질 듯 이어지는 흔적을 놓치지 않으려고 눈 비빈다. 달빛조차도 아닌, 좀생이별이 흘리고 간 푸른빛에 의지하여 만나는 흔적 앞에서 밀려오는 기쁨이라니! 유랑의 운명 앞에 순응하는 자만이 누릴 수 있는 환희를 꼼꼼히 기록한다.

구름을 불러 나무를 보는 접신의 경지를 탐하는 것이 아니다. 꽃이 피고 새가 나는 당신의 정원을 넘겨다볼 생각도 없다. 그렇다고 낙숫물 떨어지는 처마 밑에 웅크려 울겠다는 것도 아니다. '부릴 곳 없는' 그들의 전갈을 수습하여 내 가난한 곳간에 쌓아 두려는 것이다. 혹 뜻밖에 당신을 '두드리'는 자 있거든 부디 문 열어 맞으시라. 밖에서 너무 오래 떨게 하지 마시라.

시여! 사랑한다. 그뿐이다.

-'~' 부분은 필자의 시에서 인용했음을 밝혀 둠.

이게 사는 거지

사람들은 자신의 일상 중에 아주 흡족하거나 마음이 넉넉해질 때 '그래 이게 사는 거지'라는 말을 한다. 스스로 대견해서 마음을 쓰다듬는 말일 것이다. 그런가 하면 바라보기만 해도 아름다운 삶을 일군 사람들을 보면 '그래, 저게 사는 거지'라는 상대적 빈곤을 느끼며 씁쓸해지기도 한다. '이게 사는 거지'와 '저게 사는 거지'는 전혀 다른 뜻이 된다. 전자는 자신의 삶을 들여다보며 가슴을 다독이는 안분자족安分自足이고 또 하나는 자신의 삶을 내려다보며 혀를 차는 '쓸데없음'이다. 앞에서 상대적 빈곤이라고 적었는데 그 말에는 세상적인 경제적 상황뿐이 아니고 정신적 빈곤까지 포함되어야 한다. 다른 이의 삶에 비추어 자신의 삶을 생각하고 판단하는 비교 평가는 대개의 사람들이 경험한 일일 것이다. 그것이 얼마나 무의미하고 부질없는 줄 알지만 그저 그래 보는 것이다. 그러면서 그것이 얼마나 무의미한 감정 소비인가를 스스로 깨닫는다. 교과서적인 결론을 적자면 '나는 나만큼'의 삶을 사는 것이라는 사실을 알고 있기 때문이다. 알면서 인정하기 싫거나 견디기 힘들어서이리라.

오래전에 읽었던 '프리다 칼로'의 일대기가 생각나서 여기까지 생각이 이어졌다. 자동차 차축이 전신을 관통하고 있는 프리다 칼로의 자화상을 보면서 '저렇게도 살아지는구나'라는 생각과 함께 목숨이 얼마나 질기고 질긴지 몸서리가 쳐졌다. '이 외출이 행복하기를. 그리고 다시 돌아오지 않기를'이라는 말을 마지막으로 적어둔 프리다 칼로의 일화는 그녀가 겪은 교통사고를 빼놓고 얘기하기 어렵다. 인생은 그렇게 자신의 의도와 상관없이 흘러가고 불거지고 부서지기도 한다. 47년을 살고 간 그녀의 일생은 어느 대목도 소설 아닌 곳이 없다. 세상 어떤 소설이 그보다 처절하고 그보다 눈부시겠는가. 사후 그녀는 멕시코 박물관에 그림이 소장되고 우표에 사진이 실리는 등 대단한 재평가를 받고 있다. 그러나 그게 다 무슨 소용인가. 그녀는 지금 여기 없는데.

알려진 바와 같이 그녀가 겪은 교통사고는 일상생활이 불가능한 정도의 대형사고였고 그녀는 평생토록 수술과 입원을 반복한다. 사고 이후 그녀의 삶은 침대 위에서 흘러간다. 그러나 그녀는 침대 위의 삶에서도 많은 것을 시도하고 또 이루어낸다. 결혼을 하고 이혼을 하고 사랑을 한다. 화가로서의 프리다 칼로로 성장한다. 동생에게 남편을 빼앗기지만 자신도 또 다른 사랑을 만나기도 한다. 그러니까 다른 사람들이 겪는 인생의 모든 과정을 그녀는 침대에서 겪어내는 것이다. 다른 이들이 '대단하다'고 간단히 말하는 '침대 위의 삶'이 그저 겪어내는 것이었을지 혹은 '견뎌낸 것'이었을지는 오직 당사자만이 알고 있을 것이다.

『시경』에는 '궁색하고 가난함이여! 아무도 내 어려움 알지 못하네'라는 글이 있다. 어느 인생이 '남들이 아는 만큼'이겠는가? 더구나 현대인들에게 '남의 인생'이란 읽지 않는 소설의 줄거리와 같은 것이어서 굳이 궁금할 것도 없고 알아도 몰라도 아무 상관없는 일이다. 물론 이처럼 각박한 시절에도 '남의 일'에 귀를 기울이고 손을 내미는 이들이 '나눔'을 실천하고 있다는 것을 안다. 그러나 이 글에서는 '측은지심'으로 나누고 베푸는 인정을 적으려는 것이 아니다. 그렇다고 그런 '인정'이 얼마나 큰 자기 희생과 노력에서 비롯되는지 모르는 것은 아니다. 나는 범접하기 힘든 인간애의 실천 앞에 적어둘 찬사도 감사도 마음에나 적어두는 소심한 사람이다. 필자가 강조하고 싶은 것은 남을 돕기도 하면서 사는 것이 사람답게 사는 것이겠지만, 우선 자기 자신을 돌아보고 가꾸며 살자는 것이다. 자신이 바르게 선 후에라야 주변을 살펴볼 수 있고 최소한 주변 사람들에게 폐를 끼치지 않고 살 수 있다.

산산조각이 난 몸으로 침대에 갇힌 채 47년의 인생을 살아낸 프리다 칼로처럼 '포기하지 않는 삶'을 꾸려나가자는 절절한 부탁을 전하고 싶다. 스스로의 삶을 던져버리는 안타까운 일들이 빈번한 시대를 살아가면서 우리가 경계해야 할 것들이 사방에 쌓여 있다. 세상 누구라도 자신이 우주의 중심이라는 것을 잊지 말자.

뻔한 이야기지만 화를 부르는 것도 복을 부르는 것도 결국은 마음에서 비롯된다. 마음이 몸을 부리는 일도 몸이 마음을 담아두는 일도 모두 힘든 일이다. 어느 한쪽이 기울었을 때 주저앉지 않고 '견디는' 힘을 배우고 길러야 한다. '이게 사는 거지'라는 말은 자신의 삶이 흡족할 때만 하는 말이 아니고 간간이 다리를 걸어 쓰러뜨리려는 운명과 마주칠 때, 당신도 나도 '그래 이게 사는 거지' 하면서 다시 일어설 수 있기를 바란다. 세상에 꽃과 나비뿐인 꽃밭이 있겠는가. 쓰고 보니 또 진부한 서사가 길었다.

내 몫의 운명을 향해 주먹질을 하고 싶을 때마다 프리다 칼로를 생각한다.

순응하는 자의 흔적

'인간은 앞을 바라보면서 살아야 하지만 자신의 삶을 이해하기 위해서는 뒤를 돌아봐야 한다'(S. A. 키르케고르)라는 글 앞에 머뭇거린다. 그런가? 그래서 자꾸 떠나는 일에 몰두하는가 스스로에게 묻는다.

자신의 삶을 이해한다는 것은 생각만큼 쉽지 않다. 내버려 두어도 그럭저럭 흘러가는 삶을 깊이 들여다보고 이해하려는 노력이 부질없어지거나 혹은 자신과 정면으로 조우하는 일이 두려워지기도 하기 때문이다. 자신의 삶을 연민이나 후회 없이 돌아보는 일이 얼마나 어려운지 우리는 안다.

나는 이런저런 일로 비교적 자주 길을 떠난다. 특별한 계획이나 목적이 없이도 그저 떠난다. 한동안은 강원, 경기 북부의 산간을 돌아다녔고 두어 해 전부터는 남쪽의 섬을 찾고 있다. 경기도 이천의 산골에서 태어나고 자란 탓으로 바다보다는 산을, 산보다는 벌판을 좋아했는데 차츰 바다 쪽으로 마음이 기울고 있다. 자신이 소유하지 못했던 것을 탐내는 인간의 본성이 드러나는 중이라고 하면 맞는 말일지 모르겠다. 어디를 왜 어떻게 다녔는가에 대해서 적는다면 그것은 숙제처럼 써내는 기행문이 될 것이고 누구네 국밥이 맛있고 어느 집 이부자리가 정갈하다고 쓴다면 관광 안내서가 될 것이니 실로 난감하다.

지난해부터 여기저기서 흘리고 다니던 어린 희망 하나에 대하여 고백해야겠다. 혹자는 이 무슨 치기 어린 말이냐고 웃을지도 모르겠다. 그러나 그때 나는 너무도 간절했으므로 정직하게 적기로 한다.

뜬금없이 1톤 트럭 한 대를 갖고 싶었다. 오후 두 시 무렵의 창틀에 기대어 1톤 트럭 한 대를 장만하여 여행을 시작한다. 하루 이틀에 끝날 여행이 아니어서 경비를 마련해야 한다. 우선 트럭을 몰고 시장으로 간다. 오래 싣고 다녀도 상하거나 깨지거나 유행을 타지 않는 스테인레스 그릇 장사를 하기로 한다. 자, 이제 국도를 따라 떠난다. 미루나무가 줄지어 서 있고 흙먼지 사이로 책가방을 덜그럭거리며 따라오는 아이들이 있던 그 길이야 만날 수 없겠지만 운이 좋은 날은 들 밥 한 그릇을 얻어먹을 수도 있을 것이다. (허긴, 들판에 사람이 없는데 무슨 들밥!) 군내 풍기는 무김치 한쪽을 집어주는 아낙의 손톱 밑이 시커먼 것은 때가 아니고 흙이라는 걸 아니까 달게 받아먹을 수 있을 게다. 밥값이라고 하면 야박한 말이고 그저 정으로 여기시라며 쓸 만한 밥그릇 하나를 건네고 일어서리라. 잠은 마을회관이나 면사무소 또는 지구대의 마당을 빌려 자동차 안에서 해결하면 된다. 마침 저녁 어스름 녘에 첫사랑이 살던 마을에 당도할지도 모르겠다. 그런 날 혼자 기울이는 술잔은 또 얼마나 그윽하랴. '아무리 돌아보아도 불러올 어제가 없다'고 썼던 오래전의 내 시를 수정하고 싶어지리라. 장마당을 만나면 눈치껏 귀퉁이 한쪽에 자리를 잡아보기도 하고 어쩌면 텃세에 휘말려 투덜투덜 안 들리는 욕지거리를 내뱉으며 다시 떠나더라도 그래, 나는 미워하지 않을 테다. 밥 먹고 사는 일이 얼마나 뜨겁고 눈물겨운 일인지 아니까.

결국 나의 어여쁜 희망은 창가에서 시작하여 창가에서 끝나고 말았지만 아주 포기한 것은 아니다. 어느 날 문득 '누구 1톤 트럭 팔 사람 없을까?'

라고 전화하면 친절히 받아주시기 바란다. 아무려나 그 여행에서 졸시 한 편을 얻었다.

2차선 국도의 부러진 허리가 뱀 허물처럼 걸려 나온다
중심을 놓친 풍경들이 허공을 긁으며 쓰러지고

---마음뿐이라는 말, 부적처럼 품고 달렸다

기름 찌꺼기처럼 찐득이는 검은 눈물 투둑, 떨어진다
마디 끊어가며 흐느끼던 흔적이다
지나갔다고 힐끔거리며 달리고
도망쳤다고 안도하며 달리고

---돌아갈 수 없는 길이란 없다

바닥에 쏟아진 유리창 조각이 제 안의 기록들을 내뱉는다
더 잘게 부서질 수 있다면
눈 질끈 감고 지나갔던 살얼음의 비명이나
아랫도리를 툭 건드려 혼절시켰던 살구나무의 영혼도

---무덤까지 가져갈 비밀 따위는 없다

찢어진 포장을 만장 삼아 서서히 트럭은 지워진다
밥이 되고, 술이 되고, 잠이 되던,
그릇 몇 개 부장품처럼 하염없고

---죽음이 삶의 일부라는 말에는 번번이 욕지기 나온다

차곡차곡 접힌 트럭의 껍질이 실려 나간다
힐끔, 돌아 본듯한 건 끝까지 입 다문 바퀴에 대한 인사일 뿐
몸을 보내는 마음의 착시 현상이고

---목숨의 분열은 곳곳에서 진행 중이다

-졸시 「폐차장 근처」 전문

모든 여행의 끝은 출발점으로 돌아오는 것이기에 나의 여행은 폐차장에서 끝난 것이다. 이만하면 의자에 앉아서도 아주 멋진 여행을 할 수 있다고 한 '알랭 드 보통'을 열심히 읽었다고 할 수 있을까?

여행의 가장 큰 즐거움은 떠나기 전의 설렘이다. 뽀얗게 빨아둔 운동화를 꺼내고 지난번에 메고 갔던 가방을 꺼낸다. 가방 속에 남아 있는 몇 개의 동전과 구겨진 버스표나 배표를 보면서 이미 지나온 것들을 돌아보는 나른한 기꺼움에 빠지거나 지난번과는 또 다른 이번 여행에의 기대로 가슴 뛰는 저녁을 지내리라. 여행은 단순한 놀이가 아니고 나와는 다른 삶을 엿보는 것이며 새로운 환경에 대한 도전이고 다양한 삶의 경험이다. 그러나 여행 도중 어떤 뜻밖의 사태를 만날지도 모른다. 물론 그 뜻밖의 사태를 즐기기 위해 떠난다는 사람도 있을 수 있다. 워낙 주먹구구식으로 떠나고 돌아오고 또 살아가는 나 또한 그런 부류에 속해서 뜻밖의 사태를 만들기도 한다.

목포에서 저녁 늦게 출발하는 새마을호 열차를 타고 돌아오겠다는 계획으로 홍도를 다녀오는 길이었다. 배에서 만난 낯선 이웃들과의 합석으로 기차를 놓치고 다음 날 아침 무궁화호를 탔다. 간밤의 숙취에 시달리는 나를 싣고 기차는 무던히도 천천히 간다. 자면서 깨면서 흔들리다가 "우리 열차는 지금 다시역에 도착하고 있습니다"라는 안내방송에 화들짝 잠이 깼다. '다시역'이라니, 어떻게 그런 이름의 역이 있단 말인가. 창밖을 보니 어쩌다 한 번씩 서는 무궁화호 열차를 기다리는 간이역이 '다시역'이라는 이름표를 달고 다소곳이 서 있었다. 다시역, 다시역, 몇 번을 되뇌이며 집에 돌아와 인터넷을 뒤지니 뜻밖에도 그 역을 소재로 한 많은 시들이 올라와 있었다. 이런, 나만 모르고 있었다는 것 아닌가. 그렇지만 맨 처음 그 이름을 들었을 때의 놀람과 감동을 지울 수 없어서 나는 또 시원찮은 여행시 하나를 적어본다.

눈을 뜨면,
웅크린 역사 하나 응달쪽에 보일 것 같아
잠결인 듯 눈 감고
아까부터 따라오는 냉이꽃 냉이꽃만 바라보는데
마음에 자꾸 바람이 일어
꽃들도 생각도 한 쪽으로 눕는다

이제는 제대로 짖지도 못하는 늙은 개에게
잘 있어 다시 올게
빈 인사를 남기고 떠나올 때처럼 얼굴 화끈거려
창문 쪽으로 돌아앉으니 기차는 벌써 영산강을 건넌다

다시역 쪽으로 흘러가는 강물 바라보며
다시 생각하니
나는 다시역을 보지 못했다

무작정 뛰어내려
돌아오지 않는 것들의 주소를 수소문하게 될까 봐
터지고 깨진 것들의 은신처 같은 다시역을
눈 감고, 눈 감고 지난다

-졸시 「다시역」 전문

운명은 순응하는 자는 태우고 가고, 거부하는 자는 끌고 간다던가? 끝없이 떠나려는 나와 한사코 다시 제자리로 데려오는 또 하나의 내가 오늘도 서로를 마주 보고 있다. 어쩌면 나의 여행은 돌아올 것을 믿기에 시작하는 것이고, 어쩌다 정말 어쩌다 돌아올 수 없을지도 모른다는 야릇한 기대로 설레는지도 모르겠다.

내가 바라는 나의 세상은 운명에 끌려가지 않고, 그렇다고 그 잔등에 걸터앉아 끄덕끄덕 타고 가는 것도 아닌, 가끔씩 바라보며 함께 가는 그런 여행이고 싶다.

이번 생은 그대도 나도 누군가에게 따듯한 길동무가 될 수 있기를 바란다.

붙박이로 서서, 가고 오기를 거듭한 지 오래인 모란꽃 이파리 한결 붉은 여름이다.

잊지 말아야 할 것들의 목록 중에서

콩, 하고 가볍게 소리 내어 본다. 서너 살쯤의 어린아이가 앙증맞은 걸음걸이로 콩, 콩, 콩 소리 내며 마루를 가로질러 뛰어가는 모습이 떠오른다. 그러나 나는 그 작고 예쁜 소리 콩,콩,콩이 아닌 우리가 먹는 콩 이야기를 하려고 한다. 나는 콩에 대하여 얼마나 알고 있으며 콩으로 무엇을 할 줄 아는가? 꼭 콩이 아니어도 내 가까이에 있는 모든 것들을 찬찬히 들여다보는 일도 때로는 의미 있지 않을까 한다. 콩은 밭에서 나는 쇠고기라고 할 만큼 단백질과 지방이 풍부한 콩과의 1년생 재배 식물이다. 사람이 콩을 먹는 방법은 그 종류가 참으로 다양한데 누구나 친숙한 방법들이므로 설명 없이 그 종류만 적어 보기로 한다. 콩밥, 콩나물, 콩죽, 콩가루, 콩국수, 콩국, 콩기름, 콩떡, 콩다식, 콩엿, 콩소(떡에 넣는), 콩자반, 콩탕, 콩강정, 콩고물, 두부, 비지, 게다가 콩잎까지 삭혀서 먹는다. 또한 메주를 쑤어 간장을 담그고 된장을 뜨고 청국장을 띄운다. 요즘은 콩을 가공하여 소고기 맛이 나는 콩고기라는 식품까지 개발되었다. 그 외에도 내가 알지 못하는 여러 가지가 있을 것이다. 그러고 보면 하루도 콩을 먹지 않는 날이 없는 것 같다. 우리의 식생활에 이토록 가까이 있는 콩이지만 지금 시중에 유통되고 있는 것은 거의 다라고 할 만큼 수입한 것이고 그것이 유전자변형 콩이라고 하여 놀란 것이 엊그제인데, 시간이 지나면서 또 그냥저냥 잠잠해지는 듯해서 안타깝기 그지없다. 실무를 맡고 계신 분들께서 무언가 대책을 강구 할 것이라고 믿을 뿐이다.

내가 기억하는 우리 콩 이야기로 돌아가 보자. 농사라고 할 것까지야 못되지만 나는 어릴 적에 집에서 가꾸는 콩밭을 가까이 보고 자랐다. 몇 살쯤이었는지는 기억에 없고 지금도 콩밭 하면 얼른 떠오르는 것이 꿩이다. 콩을 심고 나면 그 콩을 꿩이나 산비둘기가 파먹지 않나 해서 할머니는 수시로 밭을 둘러보러 나가시곤 했다. 그 콩이 자라서 밭을 맬 때면 나도 밭 근처에 가서 놀았는데 콩잎 스치는 소리만 수런대는 그 고요한 밭 가운데에서 갑자기 꿩이 푸드득 날아오르는 서슬에 화들짝 놀라곤 했다. 꿩은 먼데 산에서 목청을 뽑아 울기도 했는데 할머니는 울음소리만 듣고도 저건 까투리군, 저건 장끼 같은데 하시며 잠깐씩 일어서서 허리를 툭툭 치셨다. 그때 들었던 꿩의 울음소리가 지금도 이명처럼 들리곤 한다. 그렇게 가꾼 콩은 풋콩일 때부터 보리밥에 섞여 상에 오르고, 콩서리를 하는 언니들을 따라다니던 기억 또한 새롭다. 가을이면 거둬들인 콩을 마당에 펴놓고 말렸다가 도리깨로 털었다. 도리깨에 얻어맞은 콩은 서둘러 깍지를 터뜨리며 멀리까지 튀어 나갔으므로 우리 형제들은 한 알의 콩이라도 빠뜨리지 않으려고 어두워질 때까지 울타리 밑에 엎드려 콩알을 줍곤 했다. 어쩌다 어른들께 칭찬받을 일을 하면 어머니는 볶은 콩을 한 줌씩 쥐어 주시곤 했는데 군입거리가 없던 그때 그것은 나를 퍽도 행복하게 했다. 그 볶은 콩을 주머니에 넣고 나가면 동무들이 우르르 모여들고 나는 의기양양 주머니에 손을 넣는다. 그때 한 알도 남아 있지 않던 콩, 주머니가 뚫어져 있었던 것이다. 그때의 그 참담함이라니! 아마도 그것이 내가 태어나서 처음으로 겪었던 허무가 아니었을까.

아무튼 그렇게 저렇게 가을걷이가 끝나고 나면 겨울을 나기 위한 준비였던지 집 단장을 했다. 창호지를 새로 바른 문짝을 햇볕에 내다 놓고 입안 가득 머금은 물을 뿜어가며 말리면 참으로 짱짱하게 말랐다. 장판은 주로 기름 먹인 장판지가 쓰였는데 어느 해이던가 할머니는 장판에도 창호지를 바르셨다. 창호지가 퍽 비싸고 비싼 만큼 귀하던 때였는데, 아마도 그해 우리 집 콩 농사가 잘되었던 듯싶다. 흰콩을 물에 불려서 맷돌에 갈고 그것을 무명 자루에 넣은 다음 거기에 들기름을 부어서 휘젓는다. 그것으로 창호지 장판을 문지르는데 그렇게 하면 장판은 기름기를 머금으며 노르스름하게 변해갔다. 대개 서너 번씩 거듭하던 그 과정을 콩댐을 한다고 했다. 그렇게 콩댐을 한 장판은 지금 생각해도 정말 기가 막히게 아름다웠다. 그 장판 바닥이 따끈따끈한 저녁이면 화롯가에 묻어둔 인두를 꺼내어 저고리 섶을 문지르던 나의 어머니, 우리들 중 누군가가 한밤중에 열이 오르고 헛소리를 하자 어머니는 몇 바가지인지도 모르게 푹푹 퍼 담은 콩 자루를 이고 밤에, 그 칠흑 같은 밤에 십 리 산길을 걸어 약방에 다녀오셨다.

빈 콩깍지처럼 껍질만 남았다가 그마저 재가 되어 흩어진 나의 어머니, 나의 껍질. 혹 내게 농촌으로 돌아가 살 수 있는 꿈 같은 현실이 주어진다면 다른 건 몰라도 콩댐을 한 창호지 장판만큼은 꼭 한번 해보고 싶다. 아슴아슴한 어릴 적 기억이지만 그때 보았던 대로 정성껏 콩댐을 하고 어머니, 할머니처럼 부지런히 걸레질을 치며 반들반들하게 윤기 나는 장판방에 군불도 넉넉히 지피고, 그때처럼 짱짱하게 마른 창호지 문에는 맨드라미 잎도 서너 개 붙여 놓고 싶다. 내 아이들에게도 할머니한테 배웠단다 해가며 자랑삼아 가르치면서 기꺼워하고 싶다. 콩가루에 밥을 비벼 먹던 일, 엿을 곤 솥가심으로 둘러낸 콩엿, 내 얼굴이 비치던 마술 같은 장판, 또 그

많은 무엇 무엇, 어머니 할머니 곁에서 보고 듣고 배운 그 여러 가지들. 참으로 아름다운 시절이었다. 어머니, 나 그런 거 다 잊지 않을게요. 정말 잊지 않을게요.

2부
열목어처럼 살 수는 없지만

문학 속 세상 읽기

문학이 인간에게 구원이 될 수 있는가라는 명제에는 정답을 말할 수 없다. 그것은 학문 이전의 질문이기 때문이다. 그러나 그에 대한 무수한 학설과 이론이 난분분한 것도 사실이다. 그렇다면 우리가 '문학을 통하여 얻거나 배울 수 있는' 것을 과연 어떻게 정의할 수 있을까? 문학이 우리의 삶에 미치는 긍정적 영향을 꼽으라면 크게는 교훈적 기능과 쾌락적 기능으로 나눌 수 있다. 교훈적 기능은 작품 속 인물의 모습에 자신을 투영하여 감정을 다스리고, 깨달음이나 지혜를 얻을 수 있을 것이며, 쾌락적 기능은 작품에 담긴 다양한 비유와 상상력 등의 전개를 통하여 공감과 해학 등의 기쁨을 느낄 수 있을 것이다. 철학이나 과학이 새로운 지식과 사상을 가르치는 학문이라면 문학은 정신적 풍요와 자기 성찰의 효능을 전하는 학문이다.

숲에 가보니 나무들은
제가끔 서 있더군,
제가끔 서 있어도 나무들은
숲이었어,

광화문 지하도를 지나며
숱한 사람들이 만나지만
왜 그들은 숲이 아닌가
이 메마른 땅을 외롭게 지나치며
낯선 그대와 만날 때
그대와 나는 왜
숲이 아닌가

-정희성 「숲」 전문

위의 시는 소통 부재의 현대인들에게 전하는 커다란 울림을 지니고 있다. 문명의 발달이 가져온 개인주의, 결과 지향주의는 더불어 살아가는 공동체적 삶의 상실로 이어지고 사람과 사람의 관계 맺음은 점점 더 어려워진다. 멀찌감치 떨어져 있을지라도 결국은 숲을 이루는 나무들의 형태를 빌려서 제각각이지만 결국 사회라는 공동체 속에서 더불어 살아가야 한다는 깨달음을 지시하고 있는 시이다. 숲에 버금갈 만큼 무수한 광화문 지하도의 인파를 보면서 '숲'이 되지 못하고 '제각각'의 삶을 살아가는 현대인들의 삶을 아파하는 시인의 시각에 깊은 공감을 느낀다.

사람들 사이에 섬이 있다
그 섬에 가고 싶다

-정현종 「섬」 전문

소통 부재를 이야기하는 또 한 편의 시이다. 인간은 어머니의 양수에서 그 생명이 잉태된다. 물속에서 편안함을 느끼는 원초적 본능은 이처럼 양수에 대한 기억 때문일 것이다. 섬을 그리워하고 섬에 가고 싶어 하는 현대인의 정서는 결국 영혼의 안식을 구하고 싶어서이다. 이 글에서 '섬'이라고 명명된 실체는 그처럼 닿기 어려운 어떤 평안을 지시한다고 보인다. 그런데 그 섬이 사람들 사이에 있고 사람들은 멀리서 섬을 바라볼 뿐, 스스로 찾아 나서지 않는다. 사람과 사람 사이의 섬이란 결국 정서적 단절을 의미하며 그 섬에 가고 싶다는 것은 소통을 바란다는 것이다. 그런데 우리는 왜 '가고 싶다'고 하면서 '가지 않을까?' 자신이 먼저 다가서지 못하고 상대가 내게 와주기를 기다리는 현대인들의 소극적인 마음자리가 가엾게 느껴진다. 짧은 시 속에 무겁고 어려운 메시지가 가득하다.

> 버드나무 마을 흰둥이는 복날 주인 손에 끌려 나무에 매달린 채 주인에게 흠씬 두들겨 맞으며 곧 숨이 넘어갈 찰나 용케 줄이 끊어져 죽어라고 달아나는데 주인이 쫓아오며 다급하게 부르는 소리에 멈칫 돌아보고 달아나고 그러기를 두세 번 만에 그만 질질 오줌을 싸면서 박박 기면서 살래살래 꼬리를 흔들면서 피칠갑을 한 채 주인 발밑으로 기어든 흰둥이는 죽어서도, 암만, 의리를 아는 것이 개가 사람보다 낫지 암만, 주인 알아보는 것 봤으면, 끌끌, 쩝쩝대는 그 입으로도 분명, 손수 기어들어 갔을 것이다.
>
> -안상학 「안동 숙맥 흰둥이」 전문

참담하다. 영국의 어떤 배우가 서울에 와서 우리나라의 보신탕 문화 반대 시위를 하는 보도를 봤다. 그때 나는 조금 비위가 상했다. 보신탕을 먹는 것은 우리나라의 풍습이다. 남의 나라 식문화 풍습에 나서서 참견할 일이 아니라는 생각이었다. 그러나 이건 아니다. 인간의 말을 알아듣는 동물이 개뿐만은 아니지만 그중에서도 개는 인간과 특별한 교감이 가능한 동물이다. 애견인들에게 개는 가족이다. 저를 잡아먹겠다고, 몽둥이로 두들겨

패는(몽둥이로 때려서 죽여야 고기가 맛있다는 속설이 있다고 한다.) 주인도 주인이라고 저 죽을 줄을 뻔히 알면서도 다시 그 발밑으로 걸어가는 저 개. 이 시를 읽으면서 우리는 무엇을 얻고 배워야 할까? 먹는다는 것을 쾌락의 수단으로 삼았던 로마인들이 생각난다. 로마제국의 멸망이 한두 가지의 이유 때문은 아니겠지만, 인간이 인간답게 먹고산다는 것의 의미를 깊게 생각하게 하는 시이다. 이 또한 사람과 동물 간의 소통 부재를 다룬 글이라고 생각한다.

> 벌서고 돌아오는 길 먹잠자리 향해 함부로 돌 던진 일 미안하다 피라미 목 내미는 여울 물수제비 뜬 일 미안하다 자벌레 기어가는 산뽕나무 마구 흔든 일 미안하다 내를 건너다 미끄러져 송사리떼 놀라게 한 일 미안하다 언젠가 추운 밤하늘 혼자 두고 온 어린별 미안하다, 미안하다
>
> -유재영 「미안하다」 전문

위에 옮겨온 인용 시들이 소통 부재를 지적하고 아파한 글이라면 유재영의 「미안하다」는 자연 혹은 우주와의 교감을 통한 아름다운 '미안함'이다. 돌아보면 누구의 삶에도 이처럼 고요하고 그리운 순간들이 있을 것이다. 개를 때려잡아 배를 불리고, 옆을 돌아보지 않고 쫓기는 삶을 살고, 친구의 마지막을 바람에게 전해 듣는 삶도 있고, 어릴 적 두고 온 어린 별이 그리운 삶도 있다. 문학 작품을 통해 접하게 되는 삶의 여러 가지 형태에 자신의 삶을 비추어 보면서 인간적인 삶을 살아가는 데 커다란 깨달음을 얻게 되리라. 이처럼 깨끗한 이미지의 서정시를 읽으면서 목숨의 가치가 크고 작은 것으로 구분될 수 없고 자연과 인간의 목숨이 크게 다르지 않다는 것을 배울 수 있다.

문학은 또한 시간과 공간의 한계를 뛰어넘는 보편적 삶의 문제를 다룬다. 李箱의 「날개」가 지금까지도 꾸준히 읽히는 것은 시대를 초월한 문학성이 현대 독자들의 공감을 사기에 충분하기 때문이다. 비록, 매음을 업으로 하는 아내에게 기대어 살아가지만 그는 자신의 삶을 나름대로 꾸려간다.

> 나는 내 좀 축축한 이불 속에서 참 여러 가지 발명도 하였고 논문도 많이 썼다. 시도 많이 지었다. 그러나 그것들은 내가 잠이 드는 것과 동시에 내 방에 담겨서 철철 넘치는 그 흐늑흐늑한 공기에 다 비누처럼 풀어져서 온데간데없고, 한잠 자고 깨인 나는 속이 무명 헝겊이나 메밀 껍질로 띵띵 찬 한 덩어리 베개와도 같은 한 벌 신경이었을 뿐이고 뿐이고 하였다.
>
> -李箱 「날개」 중에서

우리는 어쩌면 문명이라는 단절된 문화로부터 '모이'를 구걸하고 사는 삶을 살고 있는지도 모른다. 그러나 저 골방 안에서도 시를 쓰고 연구를 하는 이상처럼, 자아를 찾는 이상처럼, 내가 누구인가를 생각해야 한다. '미쓰꼬시' 옥상 꼭대기에서 혼자 눈물을 훔치는 「날개」의 그가 어쩌면 현대인의 자화상일지도 모른다. 가장 귀하고 아름다운 것들을 옆에 두고 있으면서도 바라볼 줄 모르는 삶을 살아가고 있는 것은 아닌지, 그저 되는 대로, 흘러가는 대로 나의 삶을 남의 것처럼 방관하는 것은 아닌지 되짚어 보게 하는 「날개」를 새겨읽는다.

문학은 또한 인간의 정서만을 그 소재로 삼지는 않는다. 아래의 인용시를 통해 얻을 수 있는 교훈을 살펴본다.

1947년 봄

심야深夜
황해도黃海道 해주海州의 바다
이남과 이북의 경계선境界線 용당포.

사공은 조심조심 노를 저어가고 있었다.
울음을 터뜨린 한 영아嬰兒를 삼킨 곳.
스무 몇 해나 지나서도 누구나 그 수심水深을 모른다.

-김종삼 「민간인」 전문

이 시 속에는 전쟁의 역사가 들어있다. 1947년 봄. 전쟁의 기운이 짙어지는 이북에서 월남을 강행하는 배 한 척, 그 배에는 아무 힘 없는 '민간인'이 타고 있다. 자유를 찾아 목숨을 건 뱃길에 나선 그들 사이에는 '영아'라 불리운 아기가 있었다. 아기의 울음을 그냥 두면 함께한 모두가 위험하다. 자식을 바다에 던지고 월남한 '어미'는 내내 안녕했을까? 이렇게라도 목숨을 연명해야 하는 것인가? 전쟁은 그저 죽고 죽이고 빼앗고 빼앗기는 싸움으로 끝나는 것이 아니고 인간성 말살이라는 끔찍한 지경까지 인간을 몰고 간다. 선택의 여지가 없었다고 해도, 죽지 못해 살아났을 그 어미의 가슴을 감히 누가 헤아릴 수 있을까? 아니, 왜 함께 죽지 못했을까? 이 극명한 슬픔을 시인은 멀찌감치 떨어져서 냉정하게 전한다. 독자들이 알아서 판단하라고, 당신이라고 별 수 있었겠느냐고 굳게 입 다물고 있다. 무서워라! 산다는 것, 그리고 전쟁! 이 시를 읽으니 우리의 뼈아픈 엊그제가 생각난다. 어찌 잊겠는가? 잊을 수 있겠는가? 그래서 나는 이런 시를 썼다. 이것은 작품성과 상관없이 문학을 공부하는 자의 의무 같은 것으로 어떻게라도 기록하고 결코 잊지 말자고 입술 깨무는 다짐이다.

어쩌자고,
이 쥑일놈의 땅덩어리에 태양은 다시 떠오르는 것이냐
꽃은 또 무엇 하러 핀단 말이냐
내가, 저것들의 살점을 저미고 뼈를 바수어
천지간에 뿌린들
아가,
네 고통의 근처에나 이르겠느냐
네가 거기서 학생증을 깨문 채 덜덜 떨고 있는데
타들어가는 목줄기에 냉수나 들이붓는
이 슬픈 짐승을 부디, 용서하지 말아라

아가,
어미는 자식과 조국을 함께 잃었구나
내가 지금껏 조국이라고 믿었던
어쩌면 사랑하기까지 했던
이 몹쓸 놈의 땅에서 이제는 검불 하나도 믿지 않겠다
어디로 떠난들 여기만 못하겠느냐
이토록 춥고 어둡고 황량하고 기가 턱턱 막히겠느냐

그러니 아가,
용서하지 말고 기억하지 말고 울지도 말아라
이따위 세상, 눈물도 아깝다

아가,

떠돌다 떠돌다 우리 다시 만나지거든
기본과 상식이 통하는 꿈 같은 세상에서
풀이나 되자 돌이나 되자
그때, 그러고도 거기가 사람의 세상이었느냐고
침이나 뱉고 말자
그때까지 아가,
밥때놓치지마라어른들믿지마라깊은물에가지마라

무엇보다 아가,
너는 절대 어미로 태어나지 말아라
-박미라 「어미는 이제 없다」(안산 세월호 참사 추모대회 낭송 시)

문학을 빌려 이토록 기막힌 참사를 기록해야 한다는 것은 슬픈 일이다. 그러나 슬프다고 해서 외면할 수 없는 것도 문학의 책임이라고 생각한다. 김종삼의 「민간인」처럼 냉철한 시선과 객관적 묘사로 쓴 시도 있지만 나처럼 절절한 주관적 흐느낌도 때로는 독자에게 눈물로 각인될 수 있을것이라고 우겨본다.

참고 : 안상학, 『그 사람은 돌아오고 나는 거기 없었네』, 실천문학, 2014.
유재영, 『와온臥溫의 저녁』, 동학사, 2014.

시와 인생

『논어』, 「陽貨篇」에 나오는 공자의 말씀을 다시 읽는다.

'詩, 可以興, 可以觀, 可以群, 可以怨. 邇之事父, 遠之事君, 多識於鳥獸草木之名.'

풀어보자면, '시라고 하는 것은 어떤 것에 감흥을 일으키게도 하고, 어떤 것을 자세히 살펴보게도 하고, 여러 사람이 화합을 이루게도 하고, 잘못된 것에 대해 비판하는 마음을 갖게도 한다. 시를 공부하면 가까이는 부모를 잘 섬겨 가정의 도리에 충실하게 되고, 멀리는 임금을 제대로 섬겨 사회, 국가적 윤리에도 충실하게 될 뿐만 아니라, 새, 짐승, 풀, 나무의 이름을 많이 익혀 사물을 이해하고 사랑하는 마음까지 기를 수 있다'라고 이해할 수 있다.

이는 2천 5백 년 전의 글이다.

그러나 우리가 지금 살펴보건대 진리나 학문이란 시공을 초월한다는 것을 다시 한번 깨닫게 된다. 그렇다면 지금 시를 공부하고 사랑한다는 우리는 어떻게 살고 있는가 짚어보아야 할 것이다.

세상에 이름 없는 것은 아무것도 없고 쓸모없는 것도 없다. 장자는 길가에 구르는 돌멩이 하나에도, 저기 버려진 개똥 속에도 도가 있다고 하였다.

그런데 우리는 내가 알지 못하는 한 포기 풀, 한 송이 꽃을 그저 '이름 없는 ~이'라거나 혹은 '이름 모를 ~'이라고 가볍게 말한다. 아니다. 그러면 안된다. 당신이 사랑하는 이의 마음을 헤아릴 수 없을 때, 쉽게 '알 수 없는 그대 마음'이라고 해버린다면 그 사랑이 어디에 머물 수 있겠는가? 머무를 집이 없는 그것을 시라고 할 수 있을까?

시란 이 모든 작고 말 없는 것들의 소리에 귀를 기울이고, 그것들이 쉴 수 있는 집을 마련해 주는 것이다. 뜨거운 여름날 찾아간 바닷가에서 우리가 밟고 있는 모래를 생각해 보자. 그 모래가 처음부터 모래였을까? 거기가 태초에도 바다였을까? 어쩌면 그랬을지도 모르고, 또 아닐 수도 있다. 우리가 누군가를 혹은 무엇인가를 사랑하게 된다면, 그에(그것에) 관한 모든 것이 알고 싶어진다. 고향은, 취미는, 어릴 적은, 따위의 극히 작은 부분까지도 궁금해질 것이다. 여기저기 묻고 배울 것이다.

사랑이 없이는 이 모든 것들을 자세히 볼 수 없다. 논어의 말씀처럼 부모나 임금을 섬기고 윤리에 충실하게 산다는 것은, 자연을 깊이 품을 줄 안다는 것은, 그 바탕에 사랑이 깔려있어야만 가능한 것이다. 그렇다면 시인의 사랑이란 어떠해야 할까? 나는 그것을 맹목의 사랑이라고 이름하려고 한다. 우스갯소리로 사랑 중에 가장 속 편한 사랑이 짝사랑이라고 한다. 아무 때나, 아무 곳에서나, 혼자서 울고 웃고 눈 흘기고 박수칠 수 있는 사랑. 기쁨도 고통도 혼자서 감당해야 하는 짝사랑. 그렇다. 시인은 짝사랑의 명수라야 한다. 그래서 시인을 천형의 수인이라고 부르는지도 모르겠다.

모든 사물과 영혼을 향한, 깊이를 알 수 없는 맹목의 사랑에 빠졌을 때, 우리는 시에 한발 다가서게 될 것이다.

그렇다면 시인에게는 짝사랑만이 존재할까? 그럴 리가 있나.

누구라도 조용히 자신의 삶을 돌아보면 우리는 모두 작거나 크거나 깊고 얕은 상처를 가지고 있다. 정도의 차이는 있을 테지만 분노와 원망의 시간을 지나서 이제 대부분의 상처는 자신의 일부가 되어있을 것이다. 나 또한 상처를 사랑하기 위하여 시를 쓰고 있다. 내 생각이 틀렸을까?

그것이 상처이거나 분노이거나 혹은 대답 없는 혼자만의 감정일지라도 현상 너머의 본질을 사랑하는 것이 시인의 삶이라고 하겠다. 그렇다면 시인의 사랑은 다 슬퍼야 할까? 아니다. 그런 생각은 억지이고 괴변이다. 허공이거나 나무이거나 그 나뭇잎에 깃든 작은 벌레를 잡고서라도 고백하고 싶은 벅찬 사랑도 있을 것이다. 더는 담아 둘 수 없는 넘치는 사랑 때문에 캄캄한 밤중에도 모든 사물이 환히 보이는 그런 사랑도 시의 그릇에 담을 수 있을 것이다. 그런데, 왜 시인은 지극히 행복할 때 행복 그 너머의 슬픔을 바라보게 되는 것일까? 그것이 목숨의 본질을 바라보는 마음의 눈이라고 생각하면 어떨까?

모든 목숨은 유한하고 시인은 그 유한함 너머의 무한을 찾고 있는 존재일 것이다. 시인이여(나여), 부디 깊이깊이 침잠해 보자. 삶이라는 나무의 이파리만 만지지 말고, 저 캄캄한 땅속 실뿌리에까지 찾아가서 그 작은 떨림을 껴안아 보자. 그 나무의 우듬지에까지 목숨을 실어 나르는 물관의 작은 소리에 귀 기울이고, 마침내 피워내는 그 꽃잎의 수고로움에 눈물 흘리자. 그때 우리는 비로소 모든 상처에 기꺼이 입 맞출 수 있는 진정한 시인으로 거듭날 것이다.

그때, 시는 당신 인생의 가장 환한 길이었다는 것을 감사하게 될 것이다.

내 병은 내가 잘 안다

정약용의 『다산 시문집』을 읽다가 '내 병은 내가 잘 안다'는 구절을 만났다. 내 어머니가 노년에 입에 달고 사시던 말씀이었고 지금은 내 입에서 스스럼없이 나오는 말이다. 어머니께서 정약용을 읽으셨을 리는 없는데 어찌 저리 똑같은 말씀을 하셨을까? 나야 어머니의 말씀을 물려받았다고 우기는 중이지만 그 또한 어설픈 핑계일 뿐이다. 그러나 이 말은 그리 새로운 말도 아니고 놀랄만한 말도 아니다.

'내 병은 내가 잘 안다'라고 말하기 시작했다는 것은 나이 들었다는 말이다. 보살필 어른이 있는 집 자손들이 질색하는 말이다. 나도 그랬다. '병원을 가시라구요' 귀 어두운 어머니께 목소리를 높였다. '덜 듣고 덜 보시라는 거예요.' 침침한 눈과 점점 어두워지는 귀를 한탄하시는 어머니께 휘갑을 쳤다.

자신의 몸이거나 마음이거나 어딘가 이상한가를 제일 먼저 알게 되는 것은 자기 자신이다. 몸뿐이 아니고 마음 또한 그렇다. 다만, 아프기는 한데, 고장은 났는데, 그 까닭을 모르기 때문에 의학의 힘을 빌리는 것이다. 나이 들면서 까닭 없이 온몸이 이리저리 아프다. 작정한 것도 아닌데 아이구,

소리가 저절로 나온다. 그럴 때마다 식구들의 '병원 가세요'가 시답잖은 노래의 후렴구처럼 한결같이 들린다. 맞는 말이다. 아프면 병원을 가야 한다. 나도 안다. 그런데 내과, 외과, 피부과 등등의 일상적으로 드나들던 병원으로는 안될 것 같은 증상이 있을 때는 정작 어느 병원으로 가야 할지 이리저리 묻기도 성가셔진다. 몸져누울 만큼이 아니면 그저 '내 병은 내가 잘 안다' 하면서 TV 앞에 눕는다. 세상이 사뭇 시들해지고 이러다 죽으면 말지, 마음에도 없는 혼잣말을 중얼거리기도 한다.

내가 잘 아는 내 병이 의학으로 다스려질 병뿐이라면 나보다는 의사가 더 잘 알 것이다. 그러나 인간이 몸의 병만으로 죽는 것은 아니다. 다산은 그러한 후천적인 병이 아니고 스스로 경계해야 할 선천적인 성품에서 비롯된 여러 가지를 스스로 병이라고 진단하고 있다. 자신이 세상을 살아가는 방편 속에 어떤 잘못이 있는지를 정확히 짚어보는 일이란 누구에게도 쉽지 않다. 인간의 이기적인 자기보호 본능이 자신을 변명하거나 위로하거나 그도 아니라면 적당한 핑계를 찾아내기 때문이다. 다산은 스스로 말하기를 '결단력이 있으나 꾀가 없고, 선善을 좋아하지만 가릴 줄을 모른다. 마음 내키는 대로 즉시 행동하며 의심할 줄도 모른다.'고 관찰자가 되어 자신을 분석한다. 위에서 적었듯이 이기론적 시각으로 본다면 대단히 어려운 자기 성찰의 작업이다. 윗글에 비춰 '나'를 얘기할 수 있을지 시도해 본다. 우습게 들릴지 모르겠지만 선현의 가르침을 흉내 내보는 어리석음을 크게 나무라지 마시라.

나는 성질이 급하고 흑과 백을 가리기 좋아한다. 이러한 성품은 세상을 살아가는 데 걸림돌이 될 때가 많다. 어지간하면 눈감고 지나갈 일을 바득바득 파헤치려고 덤빈다. 내가 옳다고 생각하면 쉽게 굽히지 않는다. 폭넓은 의미로 본다면 너그럽지 못한 사람이다. 나이 들면서 조금씩 헐거워지기는 하지만 마음속은 여전히 꽉 조인 나사처럼 빡빡하다. 그러면서도 어지간하면 그러려니 여기고 돌아서는 것은 타협이 아니고 포기라고 해야 할까?

나는 또 후회가 많은 사람이다. 후회하고 살지 않는 사람이 있을까마는 마음에 적어두지 않아도 될 일까지 두고두고 후회하며 산다. 후회란 어떤 일의 발전적인 기제로 작용하기도 하겠지만 대개의 경우 '사후약방문'과 같을 뿐이다. 이제는 까마득한 옛 이름이 된 어머니를 생각하면 해도 해도 후회가 남는다. 그때, 어머니 곁에서 하룻밤 자고 올걸, 그날 목욕탕에 모시고 갈걸, 좋아하시는 백김치를 담궈 드릴걸, 같은 소소한 일상에서부터 별별 일상이 다 후회가 된다. 생각지도 않은 어떤 상을 타고 어머니 계신 납골당에 가서 엉엉 울었다. 상금을 놓고 오래 울었다. 고기를 사드릴 수 있는데, 꽃을 사드릴 수 있는데 현금을 드릴 수도 있는데, 엄마는 없다. 없는 엄마를 부른다. 세상에 이보다 더한 후회가 어디 있으랴. 나는 또 하얀 블라우스를 사러 가서 청바지를 사 오는 즉흥적인 사람이다. 오래 생각하고 여러 번 생각한 후에 행동하는 신중한 성격이 아니다. 신중하지 못한 성격은 후회할 일을 많이 만든다. 그러나 아전인수격의 해명을 하자면 즉흥적인 사람은 꾸미지를 않는다. 얼른 저질러야 하는데 꾸밀 시간이 어디 있나, 백 번을 양보해서 인간관계의 계산이 어두운 사람이라고 해두자. 내가 산문보다는 시를 즐겨 쓰는 것은 이성보다는 감성이 앞서고 논리적이지 못하며 즉흥적인 감정을 귀하게 여기기 때문일지도 모른다.

후회하면서 다시 돌아보는 일상도 내 삶의 일부분이다. 후회조차 아니라면 나는 얼마나 쓸모없는 인생을 살았으며 살아갈 것인가?

연두를 초록으로 밀고 가는 훈풍의 계절이다. 그러나 훈풍도 바람이어서 꽃들은 하릴없이 피고 진다. 후회도 반성도 인간의 몫일 뿐 바람은 바람의 길이 있고 꽃은 꽃의 계절이 있다. 그러나 피고 지는 것들의 목록에 내가 있다는 걸 안다.

열목어처럼 살 수는 없지만

인간의 당연욕과 허욕의 경계는 어디까지일까? 자신이 느끼는 허욕을 당연욕이라고 우겨보기도 하는 것이 허욕의 범위에 들어가야 하는지 모르겠다. 가지지 못한 것을 가지고 싶어 하는데 다른 이들의 눈에는 허욕으로 비칠 수도 있겠지만, 당사자에게는 절실할 수 있지 않을까? '나도 한번쯤 저렇게'라는 허망한 욕심을 품어보기도 하는 것이 '꼭 그렇게' 하겠다는 것은 아닌 경우가 허다하다.

마음으로야 덕수궁 후원이 내 집 정원이고 하룻밤에 로또복권 1등을 열 번인들 못 타겠는가? 간혹 그러한 환상과 실제를 혼동하는 사람들이 있어서 문제일 뿐이다. 인간의 욕심을 이야기할 때마다 등장하는 모파상의 목걸이를 생각해 본다. 모파상이 생각한 인간의 허욕은 독자에 따라 이해의 방향이 다를 수 있다. 문학적인 평가가 아닌 평범한 소시민의 생활상으로만 본다면 주인공이 감당해야 하는 대가는 처절하기까지 하다. 여기서 목걸이의 작품을 깊게 얘기하기는 어렵지만 꿈은 꿈의 자리에 묻어두고 가끔씩 꺼내 보는 것으로 만족해야 한다는 다소 허망한 느낌을 받는다. 그렇다고 시도조차 해보지 않는다면 그것 또한 '꿈'이라고 부를 수 없을 것이다.

세상 참 살기 어렵다.

어떤 모임이 있었던 계곡에서 열목어를 보았다. 사전에서 이름을 익힌 열목어를 알아볼 만큼 밝은 안목은 못 되는데 일행 중의 한 분이 한눈에 알아보고 감탄사를 연발했다. 1급수에 사는 보호 어종인 열목어는 담수어류 사전에 따르면 분포도가 북한의 전역, 강원도와 충청북도 그리고 경상북도의 일부이며 국외에서는 만주와 시베리아에도 분포한다고 한다. 내가 갔던 곳은 충남 대천의 계곡이었다. 산이 높고 계곡은 깊었으며 가뭄 중이었는데도 꽤 많은 물이 흘렀다. 보호 어종을 보았다는 반가움과 함께 몇 가지 궁금증이 일었다. 그곳은 이미 유원지가 되어 계곡에는 이런저런 음식점의 파라솔 아래 간이 식당이 차려져 있었다. 여름은 여름이어서 가을은 가을이어서 사람들이 몰려올 것이고 먹고 마시고 떠들 것이다. 기우이기를 바라지만 누군가는 발을 담그고 손을 씻고 어쩌면 정말 어쩌면 먹다 남은 과일 껍질을 던질지도 모른다. 그때, 저 열목어들은 어디로 피할 수 있을까? 어떻게 살아남을까? '여기, 열목어가 삽니다. 1급수에만 사는 보호 어종입니다. 부디 보호해 주세요'라고 써 붙인다면 글쎄, 몇 명이나 새겨 읽을까? 그런데 그 계곡에 열목어가 산다는 것을 관계기관에서는 알기는 할까? 별별 생각이 다 들었다. 그렇다고 이렇다 할 환경 보호론자도 못 되고 어딘가에 호소할 만큼도 아닌 나는 그저 잠시 안타까운 생각에서 머물다 만다. 비겁하다 나여!

1급수에 산다는 것은 어떤 것일까? 사람에게 열목어의 생존 환경을 빗대어보면 인간 환경의 '1급수'란 무엇일까라는 다소 엉뚱한 생각을 해본다. 지금이 무위자연無爲自然을 즐기며 살아갈 수 있는 시절도 아니고 천지사방에 제3의 눈이 있어서 머리에서 발끝까지 감시당하며 사는 무섭거나 눈부신 문명 세계에서 과연 1급수를 고집할 수 있을까? 더불어 산다는 것은 여기서 저기로 옮겨가기도 하고 혹은 맑은 물이 흙탕물과 뒤섞이기도 하며 '적당히' 어울려 사는 것이 아닐까?

이미 1급수의 세상은 사라졌다고 할지도 모른다. 그러나 인간의 1급수란 자연의 그것과 다르지 않을까? 청정한 곳에 자리 잡고 산다는 것은 '자연'에 의미를 두는 기준이고, '관계 맺음'으로의 1급수를 생각한다면 정의로운 사람들, 정스러운 이웃과 더불어 사는 곳을 그렇게 부를 수 있을 것이다. 그런데 세상이란 누군가는 꽃을 심고 누군가는 꽃을 꺾는 일이 빈번한 곳이다. 비록 저 열목어처럼 1급수에 살지는 못하더라도 1급수를 지향하는 그런 삶을 살 수도 있고, 2급수라도 풀을 뽑고 돌을 고르고 흐린 물을 가라앉히며 사는 삶도 있을 것이다. 내 몫의 '흐린 물'을 어르고 달래고 가꾸어 언젠가는 1급수로 만들겠다는 노력을 우리는 희망이라고 부른다. 그것까지를 허욕이라고 부르지는 말자. 꽃 냄새 쪽으로 코를 벌름거리고 구름이 떠가는 하늘을 '내 몫'이라고 부르는 호사를 허욕이라고 여기지 말자.

가지지 못한 것을 꿈꾸는 것은 허욕 이전의 당연욕일 수 있다. 그렇지 않은가? 아직 나타나지 않은 사랑을 찾아야겠다고 애쓰는 이들이거나 세상에 존재하지 않는 이상형을 고집하는 이들에게도 '당연욕'이라고 웃어주면 어떨까? 인간은 결국 환상을 벗어나 땅 위에 발을 딛고 살아가게 되어있으니까.

까치집 관찰기

오래전 살았던 아파트 앞에 시늉뿐인 화단이 있었다. 건축법상의 조건을 위해 심은 나무 굵기는 회초리만 했다. 그중 목련 나무와 단풍나무가 기어코 살아남아서 제법 굵은 몸피가 되었다. 내가 그 집에 살았던 세월이 수십 년이었다. 똑같은 출입문을 구별하기 어렵다고 사과를 그려 붙이던 아이가 대학교를 졸업하고도 여러 해를 더 살았으니 어지간하지 않은가. 나는 늙어 갔고 나무는 점점 젊어졌다. 사물의 시간은 제각각의 시간을 흐르고 있었다. 목련 나무 곁은 바로 아스팔트 길이었는데 어느 날 가로등이 세워졌다. 차량의 통행이 드물기는 했지만 그래서 더욱 보안등이 필요했던 자리였다. 그 옆으로 바짝 붙어 전신주가 있었다. 그렇게 빛을 담당하는 가로등 옆 전신주에 까치가 집을 짓기 시작했다. 사람들이 햇빛이 잘 드는 남향집을 선호하듯이 까치들도 환한 집에 살고 싶은가 하는 실없는 생각을 해봤다. 한 쌍이 분명할 듯한 까치들은 집을 짓자는 것인지 싸우자는 것인지 모를 만큼 시끄럽게 떠들며 공사를 이어갔다. 바닥에는 나뭇가지가 수북했는데 물어 나르다가 놓친 것인지 마땅치 않아 버린 것인지 알 수 없는 노릇이었다. 집을 짓는다는 것이 자연에 깃들어 사는 목숨에게도 감당하기 버거운 노릇인 것은 사람의 사정과 다르지 않구나 싶었다. 어느 날 한전 직원들이 일삼아 까치집을 털어냈다. 전류의 흐름을 방해한다니 당연한 처사이긴 하다. 그렇게 사라진 집터에 까치들은 다시 집을 짓는다. 원 세상에 그 곁에 이파리 무성하고 가지 튼실한 목련 나무도 있고 아무도 엿보지 못할 만큼 이파리 촘촘한 청단풍나무도 있는데 하필이면 왜 전신주 꼭대기에 터를 잡았을까? 나는 그저 혀를 끌끌 찰 수밖에 없었다. 그렇게 짓고 부수고가 여러 번 이어지더니 결국 까치들이 사라졌다. 한편으로는 서운했지만 사람 사는 세상에 더불어 사는 목숨이니 또 다른 곳에서 집을 짓겠지 여기기로 했다. 나는 평소에도 까치집을 보면서 늘 궁금한 것이 있었다. 그들의 건축공법이야 짐작도 이해도 어렵지만, 하늘로 문을 낸 저들의 집은 어떻게 비를 피할까 궁금하고 궁금했다. 지금도 모르겠고 여전히 궁금하다.

그 집을 떠나 또 여러 해가 흘렀다. 꽤 높은 층에 사는 지금은 어쩌다 창밖으로 훽, 날아가는 새들이 새삼 반갑고 신기하다. 저 아래에서 올라오는 까치 소리를 듣다가 문득, 전신주에 집을 짓던 까치들이 생각났다. '지상의 방 한 칸'[5]이라는 제목을 달았던 시집도 생각났다. 까치도 사람도 제 몫의 집 한 칸을 장만하는 일이 고단하고 눈물겨운 일이 아닌가. 생각하면 집이란 세상의 위험에서 나를 보호할 수 있는 은거지이고 제 안에 깃든 모든 것들을 부려둘 수 있는 휴식처이다. 여기서 이만큼은 나의 세상이라고 금 긋고 벽 쌓고 사는 것인 집을 좋은 터에 짓고 싶은 것은 누구라도 같은 바람일 것이다. 사람살이의 평안을 위해 까치를 쫒아 내는 일이 자연의 법칙에야 어긋나겠지만 그 또한 더불어 사는 지혜이리라.

---

5) 이기범, 『지상의 방 한 칸』, 한국문연.

모처럼 뒤적이던 옛 책에서 이덕무의 『청장관정서』 까치집 「상량문上梁文」을 반갑게 읽다가 이야기가 여기까지 왔다. 이 글은 이덕무[6]의 외삼촌댁 산수유 나무에 집을 짓다가 무슨 일인지 반쯤 지은 집을 버려두고 떠난 까치가 돌아오지 않자 그의 외삼촌이 "네가 상량문上梁文을 지으면 까치가 돌아와서 집을 마저 짓지 않을까?"라는 말씀을 건네셨고 이덕무는 바로 상량문을 지었다고 한다. 옛 선비들의 정서적 감흥이 사뭇 놀랍다. 이덕무의 상량문은 이덕무 스스로 말하는 것처럼 익살과 재미가 넘친다. 꽤 긴 글의 일부를 옮겨본다. '높은 곳에 집을 짓고 재잘거리며 진흙을 물어다 나르는 제비를 비웃고, 텅 빈 성에서 재잘거리며 곡식 부스러기나 쪼아대는 참새를 하찮게 여기네. 때를 알아 기쁜 소식 전해주니, 사람들이 절로 어여삐 여기네, 불길한 방향과 반대로 집을 지으니 타고난 천성이 지혜롭구나.'

상량문을 보기 어려워진 시대를 살면서 이런 옛글을 만나는 것은 뜻밖의 즐거움이다. 까치집에 상량문이라니 생각만으로도 웃음이 나오고 공연히 즐거워진다. 무릇 글을 쓰는 사람의 품이 이만큼은 해야겠다고 생각한다.

세상살이가 점점 각박해진다고, 너는 나를 탓하고 나는 너를 원망하는 삶을 곰곰이 살펴봐야 하겠다.

까치집에 상량문까지는 아니더라도 혹 새 책을 상재했다는 벗의 소식을 받으면 반갑게, 기꺼이, 몇 줄 덕담을 건넬 줄 아는 내가 되자고 스스로를 채근한다.

무르익은 오월이다. 아파트 정원 목백합 나무 우듬지에서 까치집을 본 듯하다. 부디, 안녕하라.

---

6) 조선 후기 『관독일기』, 『편찬잡고』, 『청비록』 등을 저술한 유학자. 실학자.(출전 : 『한국민족문화대백과사전』)

상대적 빈곤

'행복을 과시하는 사람 앞에 앉아 있는 것보다 더 비위 상하는 일은 없다. 하물며 그 사람 때문에 나의 실패가 두드러져 보일 때는 더 말할 나위가 없다'(베르나르 베르베르)라는 글을 생각한다.

우리가 흔히 하는 말 중에 '상대적 빈곤'이 있다. 이 말은 '상대적 박탈감'과도 같이 쓰인다. 아주 예전부터 쓰였으며 지금도 흔한 말이고 감정이다. 자신을 누구와 견주어 생각하고 판단하는 것은 백해무익한 일이겠지만 사람의 감정이 어디 그렇게 이론대로 움직여주는 것인가? 그런데 많은 경우 자신의 장점을 생각하면서 '그래도 내가' 가 아니고 '나는 왜 이것밖에' 하며 상대에 미치지 못하는 부분을 아파하는 이들이 많다. 특별한 경우의 사람 즉, 상대적으로 많은 것을 가지고 누릴 수 있는 사람이 아니고는 보편적인 '소유욕'이 인간의 많은 부분을 차지하기 때문이다. 어쩌면 '많이 누릴 수 있어서' 더 많은 것을 탐하는 사람이 있기도 하겠지만 그런 형편은 또 그 사람의 몫이니 넘겨다볼 일이 아니다.

나는 '돈도 명예도 사랑도 다 싫다'는 옛노래가 새빨간 거짓말이라고 생각한다. 세상에, 그토록 넘치는 것들을 싫어할 까닭이 있나? 있다면 그는 죽은 사람일 것이다. 뒤집어 생각할 때 돈도 명예도 사랑도 다 있다면 얼마나 행복한 사람일까. 그런 사람이 있기는 있는 것일까?

이 글에서 '상대적 빈곤'과 '상대적 박탈'이 얼마나 쓸데없는 감정 소모인가를 설명할 생각은 없다. 누군가가 말하고 설명하지 않아도 모두가 다 아는 사실이기 때문이다. 중요한 것은 자신이 가진 것과 누리는 것을 누군가에게 자랑하고 싶어 안달하는 '과시욕'이 문제인 것이다. 상대에 따라서는 우습게 듣고 넘기기도 하겠지만 자신보다 못하다고 생각하는 상대에게 '과시'하고 싶어 하는 못 말리는 사람들이 문제다. 가령 근사한 점심을 먹고 왔다던가 지도에서도 찾기 어려운 먼 나라를 여행하고 왔다던가 하는 이야기는 부럽기 짝이 없다. 그때, 무엇을 먹었는지는 무엇을 보았는지는 중요하지 않다. 이야기를 듣는 상대가 그런 식당도 여행도 언감생심 꿈조차 버거운 형편이라면 이야기는 한결 심각해진다. 그래서 뭐 어쨌다는 것인가? 이야기의 핵심은 '맛있는 밥을 먹었다', '먼 나라를 구경했다'일 뿐이다. 듣는 쪽에서는 '무엇을 먹었는지, 어디를 다녀왔는지'보다 '누구와'가 더 중요한 사람이라면 그는 '모처럼 외식했다', '흔하게 가는 해외여행이'라는 허세로 이해될 수 있다. 그럴 때 베르베르의 글처럼 '비위가 상'하는 것이다. 중요한 것은 그 다음이다. 듣는이가 속으로는 '나는 언제 그런 곳에 가보나', '이번 생에서는 틀렸지' 하는 쓸데없는 자괴감이 든다면 이야기를 한 사람은 의도한 것이 아니라고 하더라도 상대의 가슴에 보이지 않는 못을 박은 것이다. 그런데, 그 이야기를 한 사람이 정말 주체할 수 없는 '과시욕' 때문에 그런 이야기를 했을까? 그 사람에게는 그저 평범한 일상의 이야기여서 즐겁게, 가볍게, 꺼낸 이야기가 아니었을까? 듣는 쪽에서 공연한 자격지심으로 오해했던 것은 아닐까? 참 어렵다 사람 사는 일.

열 가지의 꽃에서는 열 가지의 향기가 풍긴다. 열 명의 사람이 있다면 열 가지 취향과 가치관이 존재할 것이다. 자신의 '소유'를 과시하고 싶어 하는 사람은 그렇게 해서 행복을 확인하고 싶어 하는 사람이고, 타인의 과시 앞에서 '자신의 실패가 두드러져 보이'는 사람은 그 또한 본인의 성향을 탓할 일이다. 교과서적으로 말하자면 '나도 저 사람처럼 누리기 위해 노력해야지'라고 생각하는 사람도 있고, '그런 거 하나도 안 부럽다'고 마음에도 없는 거짓말로 자신을 위로하는 사람도 있을 것이다. 혹은 물질적 '소유'를 과시하는 상대의 정신적 빈곤을 웃어주고 싶은 사람도 있을 것이다.

사람으로 살아가면서 '상대적' 감정을 무시하기는 어렵다. 그러나 물질과 정신이 함께 어우러진 삶이었을 때 마음의 불행으로부터 비교적 자유로울 수 있을 것이다. 상대적 평가에는 물질뿐이 아닌 '정신적 누림'도 포함해야 하기 때문이다. '상대적 빈곤'의 기준이란 사회의 발전과 변화에 따라 그 기준이나 가치가 변하는 것이다. 그러나 그러한 '변화'를 사회적 판단에 맡기지 말고 자신의 마음에 맡겨보는 것은 어떨까? 일상적인 삶에 크게 불편하지 않을 정도의 생활이라면 누군가이거나 무언가의 옆에 나를 세워 두지 말고 나 혼자 마음의 평수를 셈하는 삶이 멋지지 않은가? 이렇게 뻔한, 도덕 책에나 나올 법한 이야기나 주절주절 쓰고 있는 나도 어지간히 마음이 가난한 사람 아닌가.

창밖으로 보이는 단독주택 단지는 우리 집보다 해가 늦게 든다. 저 동네 주민들은 유월 아침나절의 햇살이 어느 골목으로 지나가는지 모를 것이다. 애써 호흡을 가다듬지 않아도 바람이 상쾌한 여기! 나도 함부로 자랑하고 싶기는 하다.

선한 이웃

사람이 사람을 믿는다는 것은 얼마나 아름다운 알인가? 그러나 그 '아름다운 믿음'이 상처로 변질되는 경우가 자주 있다. 세상살이가 각박해져서라고 백번 양보해서 생각한다고 치자. 그러나 그것은 세상살이의 문제가 아니다. 신뢰가 무너진 인간관계란 무엇으로도 설명되거나 용서받기 어렵다. 믿었던 사람에게 뜻밖의 상처를 입고 '돌에도 나무에도 기댈 곳'이 없다고 느낄 때 인간은 '신'을 호명한다. 특별한 종교를 가지지 않았다고 해도 그저 어떤 구원의 대상을 만들어 기대려는 것이다. 그렇게라도 스스로를 위로하여 다시 일어서려는 것이다. 그런데 어떤 경우 우리는 '신'에게 조차 큰 실망을 느낄 때가 있다. 물론 이런 생각은 종교적 믿음과 지식이 없는 필자 개인의 견해이기는 하다. 오래전 영화로 만들어졌던 이태석 신부의 마지막을 보고 울면서 울면서 한마디 했었다. "하늘도 무심하시지" 이 말은 필자만이 아닌 수많은 시청자들의 말이었을 것이다. 그러니 그것이 '하늘'의 뜻인 것을 어찌하겠는가? 어찌 알겠는가?

이런 애석한 경우가 내 가까이에서 생겼다. 어제 받은 한 통의 전화에 나는 그만 목이 콱 막혔다. 평소 가깝게 지내는 선배의 전화였다. 그분의 이웃에 작은 개척교회가 있다는 이야기를 자주 들었기에 나는 그 교회의 목사님을 잘 아는 분처럼 여긴다. 한 번도 만난 적이 없고 앞으로도 만나기 어려울 것 같으니 혹 거리에서 스쳐 지나가더라도 그저 '모르는 사람'이다. 종교를 가지지 않았으니 목사님이라는 호칭도 마땅하지 않지만 성직자를 향한 존경의 의미로 우리끼리도 '목사님'이라고 부른다. 내게 그분의 소식을 전하는 선배도 종교가 없다. 그러면서도 특별한 인연으로 가깝게 지내는 '선한 이웃'이다. 지역의 대학교 가까이 있는 그 교회는 작고, 가난하기가 흥부네 못지않다고 한다. 어쩌다 길에서 마주치면 참외 한 개, 계란 한 알이라도 건네주려고 주머니를 뒤지는 따뜻한 이웃이라고 선배는 입에 침이 마른다. 물론, '관계'라는 것이 일방적인 것이 아니니 선배 또한 이런저런 인정을 건넸을 것이다. 교회 작은 마당에 게르식의 천막을 설치하고 이웃 대학교의 가난한 학생들을 머물게 하고 목사님은 새벽 우유배달을 즐거이 나가신단다. 그것만으로는 어림없다고 막노동도 배달도 어디라도 뛰어다니신다고 선배는 존경해 마지않는다. 그 어려운 살림에 우여곡절이 한둘일까마는 그저 즐겁고 환하고 친절한 '이웃'이었단다. 그러는 중에 큰 교통사고를 당하여 3년쯤 병원 생활을 하셨는데 퇴원 후에도 다시 '생활형 목사님'으로 동분서주하신단다.

엊그제 동네에서 만나 반갑게 인사를 건네는 선배에게 '제가 좀 아파요. 피부암이 여기저기 전이가 됐답니다'라고 담담히 말씀하더란다. 그 얘기를 듣는 선배가 얼마나 놀라고 황당했을지 짐작하고도 남는다. 누군가의 불행 앞에서 함께 마음 무너지는 것이 인지상정이다.

그 소식을 듣고 나는 대뜸 화가 났다. 그분이 그렇게 열심히 믿고 따르는 하나님은 도대체 무슨 까닭으로 저 고통을 못 본 체하시는 것일까? 여기서도 할 일이 태산 같으신 분을 왜 그렇게 일찍 부르시는 것일까? 도대체 '신'의 '깊은 뜻'은 어디에 있다는 것인가? 흡사 피붙이의 병을 만난 듯 놀랍고 애가 탄다. 혹자는 이런 나를 '감정 과잉'이라고 웃을지도 모른다. 그럴 수 있다. 그러나 타고 나기를 그렇게 타고 난 걸 어쩌겠는가? 인간은 희극보다 비극에 약하다. 더구나 나는 시를 쓰며 일생을 사는 사람이다. 없는 감정도 뒤적뒤적 찾아내는데 하물며 이웃의 사연 아닌가? 내가 어찌할 수 있는 상황도 아니고 그저 이렇게 발 구르고 한숨 쉬는 게 내가 할 수 있는 위로의 어이없는 형태일 테지만, 더구나 그분은 내가 당신의 질병에 놀라고 아파한다는 것을 짐작조차 못하실 테지만 나는 진심을 다해 그분의 신에게 기적을 부탁하고 있다.

세상을 이루는 모든 '목숨'에게는 죽음만큼 확실한 결론이 없다. 그러나 어떤 경우의 죽음도 그럴 만하다고 말할 수는 없다. 죽음은 늘 뜻밖이고 애석하고 가슴 뻐개진다. 그렇다고 해도 세상적인 계산으로 너무 이르거나 너무 아까운 죽음이 있다. 이번 생에서 좀 더 머물게 하면 안 되나? 여기서 좀 더 살아야 할 이유가 천 가지, 만 가지인 이들을 그렇게 일찍 데려가야 하나?

우리가 믿고 싶은 '기적'이 정말 있어서 우리 동네 '선한 이웃'에게 완치의 기적이 일어나기를 간절히 바란다. 나는 왜 이만큼밖에 안 되는 필부필부匹夫匹婦일 뿐인가.

뒷산과 뒷동산 구별법

고향이라는 말에서는 지금 자신이 있는 곳에서 먼 곳, 산이 있고 들이 있고 냇물이 흐르는 옛스러운 풍경을 떠올린다. 물론 도시를 고향으로 둔 사람들도 많겠지만 '시골'이라고 부르는 곳이 고향이라는 정서에 그럴 듯 하게 들어맞는다. 태어난 곳이 아니어도 어린 시절을 보낸 곳을 고향이라고 여기며 사는 이들이 많다. 내게도 그런 고향이 있다.

대개의 마을이 산 아래 형성되어 있는 것처럼 뒷산이 나지막하게 엎드려 있고 마을 가운데로 개울이 흘렀다. 비가 오면 돌다리가 잠겨서 건너다닐 수 없었는데 개울물이 많아서였는지 돌다리가 부실해서였는지는 모르겠다. 큰물이 나면 금방 불어나는 산골 물은 무서운 속도로 들이닥쳤다. 다른 글에서도 적은 적이 있지만 수박밭이 통째로 떠내려가고 돼지가 떠내려가던 놀라운 광경도 보았다. 발을 동동 구르며 냇가를 따라 뛰어가던 주인의 모습이 지금도 눈에 선하다. 돼지가 재산 목록에 들어 있던 시절이었으니 그 심정이 오죽했으랴. 헛간에 던져둔 새끼 꾸러미처럼 뒤엉킨 뱀들도 있었다. 그런 날 밤에는 밤새도록 뱀을 피해 달아나다가 소스라쳐 잠을 깨곤 했다.

개울 물에 칡뿌리를 담가두는 집이 많았다. 그 쓰임새를 알 수 있는 나이가 아니었던 내게 칡뿌리는 그저 군것질거리로만 기억된다. 어른은 할머니와 어머니뿐인 집이었으므로 우리 집은 칡뿌리를 캐 올 사람이 없었다. 아이들이 동네방네 뛰어다니며 질겅질겅 씹던 긴 칡뿌리를 부럽게 쳐다보며 침을 삼키곤 했다. 그렇게 먹고 싶어 하던 칡뿌리였는데 지금은 '칡즙은 안 먹어요' 하고 손사래를 치는 어른이 되어 있다.

동네 뒤편에 작은 산이 있었다. 지금은 작은 산이라고 말하지만 산딸기를 따러 갔다가 길을 잃고 호랑이가 나올까 봐 주저앉아 마음껏 울지도 못했던 산이다. 동네 마지막 집 돌담을 돌아가면 산으로 오르는 길이 나 있고 길이 시작되는 중간쯤에 무덤이 하나 있었다. 아이들은 공연히 무덤을 무서워했는데 이상하게도 그 무덤에서는 이리저리 뒹굴거나 잔디에 누워 하늘을 보거나 달래를 캐곤 했다. 마을이 내려다보인다는 안도감이었을까? 인간의 기억은 스스로 인지하지 못하는 지점에서 왜곡되기도 한다는데 내 기억 또한 훗날 아름답게 각색된 것은 아닌지 모르겠다. 아무튼 나는 그 무덤가에 자주 올라갔다. 거기서는 아랫마을까지의 신작로가 훤히 보였다. 우리 집에 누가 찾아올 리도 없는데 오래오래 길을 바라보거나 저녁이 오는 걸 지켜보기도 했다. 저녁밥 짓는 연기는 어느 집에서 제일 먼저 오르는지, 먼산에 나무하러 간 동네 아재들 중에 누가 제일 먼저 오는지 훤히 알 수 있었다. 나물을 뜯으러 간 할머니의 머릿수건을 알아보고 구르듯 뛰어 내려가곤 했다. 언니가 읍내 중학교로 진학을 한 후에는 토요일이면 점심도 먹기 전에 무덤가에 앉아서 하염없이 길을 바라보며 애꿎은 잔디를 뜯었다. 지금도 믿기 어렵지만 중학교 1학년인 언니는 차비를 아끼려고 삼십리 산길을 걸어서 집에 왔다가 하룻밤을 자고 일요일 점심 무렵 다시 그 길을 걸어갔다. 그때 나는 삼십 리라는 길이 그저 '멀다'는 것밖에는 몰랐다. 세상에! 먹는 것도 부실해서 팔다리가 수수깡 같던 언니가 걸어다녔던 그 길은 지금 차로 다녀도 멀다. 일주일 동안 모아둔 계란을 받아들고 산길을 걸어 돌아가던 언니의 등 뒤에서 나는 쿨쩍쿨쩍 눈물을 쏟았다. 어쩌나, 지금도 눈물이 난다. 언니가 워낙 공부를 잘해서 나는 늘 '아무개 동생'으로 불렸었는데 그런 언니를 가끔 미워했던 생각으로 일요일 저녁에는 이불 속에서 혼자 울었다.

'멀다'라는 거리 개념이 없던 그때, 내게 '뒷산'은 '먼산'과 같은 산이었으므로 아저씨들은 뒷산으로 나무를 하러 갔고, 할머니도 뒷산으로 나물을 뜯으러 가셨다. 나는 '뒷동산'에서 대상이 없는 기다림으로 하염없거나 찔레를 꺾고 진달래꽃을 따 먹었다. 기끔 뱀 껍질을 던지고 가던 동네 남자아이들은 아직도 용서하지 않았고 앞으로도 용서하지 않겠다. 동네에서 유일하게 라디오가 있던 영순이네 황소가 고삐를 끊고 올라와서 칡 이파리를 뜯어먹던 날도 나는 '뒷동산'에서 흙먼지 뽀얀 신작로에서 나타날 어떤 얼굴을 기다리고 있었다. 머루를 따먹으려면 산속으로 조금 더 들어가야 했는데 어느 날 옻나무인 줄 모르고 머루를 따 먹다가 옻이 올라서 퉁퉁 부은 얼굴에 계란 흰자를 바르고 학교에 간 이야기는 이제 그만해야겠다. 십리 학교를 다니면서 따 먹었던 목화 다래를 다 모으면 강아지 이불 하나는 너끈할 것이다. 김장 무 하나를 뽑아 들고 숨이 턱에 닿을 때까지 뛰어 달아나던 우리를 못 따라오던 윤씨 아저씨가 운동회에서 달리기 일등을 한 것은 두고두고 알 수 없는 노릇이다.

뒷산과 뒷동산을 구분하던 내 어린 방법을 지금도 갖고 싶다. 공간 지각능력 없이도 살아갈 수 있던 '나의 세상'이 그립다.

아무리 지나간 것들이 그립다고는 하지만 이런 호랑이 담배 피던 시절 이야기를 어쩌자고 자꾸 쓰고 있는지.

내가 틀렸을까?

나이 든 반려견이 눈과 귀를 닫았다. 치매 증상도 있다. '나이 든'이라는 계산은 추정이다. 특별한 인연으로 식구가 되었기 때문이다. 우리 식구들은 그 이야기를 서로 조심한다. 듣지 못한다고 느끼지 못하는 것은 아니라고 믿기 때문이다. 그렇게 여러 해를 함께 살았다. 하루에도 몇 번씩 이런 저런 약을 먹이면서 목숨에 대한 생각이 깊어진다. 어쩌면 인간의 욕심으로 강아지를 잡고 있는 것은 아닌지 회의를 느끼기도 한다. 그렇다고 산목숨이 꺼져가는 것을 그냥 바라보고 있을 수만도 없는 것이 인지상정이다. 어느 쪽이 맞는지 모르겠다.

하필 이런 때에 『내가 틀릴 수도 있습니다』[7]라는 책을 읽었다. 출판과 동시에 인문학 1위라는 돌풍을 몰고 온 책이다. 자신의 삶에서 '가장 소중한 한 가지'를 찾기 위해 촉망받는 엘리트의 삶을 버리고 승려의 삶을 선택한 자신의 일생을 담담히 기록하고 있다. 그 '담담한' 속에는 소용돌이치는 한 사람의 인생 역정이 도도히 흐른다. 거르고 추린 마음으로부터 자신을 둘러싼 인연과 환경에 대한 깊은 사유까지가 마치 벌판에 가득 핀 야

7) 비욘 나티코 린데블라드, 박미경 역, 다산북스, 2022. 05. 08. 1판 14쇄.

생화처럼 펼쳐진다. 깊은 물은 소리를 내지 않고 흐른다는 말을 다시 생각하게 한다.

스웨덴 태생인 그는 멀고 낯선 나라 태국을 찾아가서 승려가 된다. 전혀 생소한 문화와 율법에 적응하면서 자신의 삶 깊은 곳을 바라보고 깨닫고 다시 생각하고 수행하는 모든 과정이 정확한 진술과 객관적 묘사를 넘나드는 글이다. 이 책은 문학적으로 언급할 책이 아니어서 독자의 더 깊은 이해와 공감을 필요로 한다. 출가를 실행하는 놀라운 선택과 그 선택을 존중하는 가족의 시선도 우리 문화로는 범접하기 어렵다. 타인의 시선으로는 '느닷없는' 선택이라고 하겠지만 당사자는 얼마나 오래 생각하고 작정하고 번복하기를 거듭했겠는가? 운명이 정해놓은 길을 벗어나서 자신의 길을 새롭게 개척하는 고난 속으로 걸어 들어가는 대단한 결심이다. 그는 태국에서 7년의 승려 생활을 지내고 다시 스위스에서 7년을 보낸 뒤 환속하여 가족에게 돌아간다. 그 후에도 종교와 관련된 인터뷰와 강연 등을 통하여 생활불교를 실천한다. 그 과정에서 만난 여인과 가정을 이루는데 독자에게는 그 또한 신선하고 아름다운 충격이었다.

여기까지를 책에 수록된 한 수행자의 이야기로 정리할 수 있다. 그렇게 지내던 얼마 후 그는 루게릭병을 앓게 된다. 그는 스위스로 가서 의사의 조력을 받아 안락사를 선택하고 싶다는 생각을 한다. 한편으로는 '자연스러운 과정에 맡기고 싶다'는 생각도 한다. '침몰하는 배와 함께 가겠다고 선택하는 훌륭한 선장처럼, 제 안의 뭔가는 때가 되기 전에 떠나고 싶어 하지 않'는다는 지극히 인간적인 고백도 한다. 승려의 삶을 통해 '살아간다는 것은 늘 죽음을 접한'다고 준비했지만 그것은 본능과는 또 다른 차원의 깨달음이 아니었을까 짐작해 본다. 그런데 그가 스위스행을 실행하기 전에 더 큰 선택을 마주하게 되는데, 그의 아버지가 만성 폐색성 폐질환으로 소생이 불가능한 상황이 된 것이다. 아버지는 담담히 자신의 질병을 받아들이며 '나는 병원에서 천천히 고통스럽게 죽고 싶지 않단다. 질병이 마수를 뻗치기 전에 끝내고 싶구나'라면서 스위스에서의 안락사를 선택하겠다고 선언한다. 가족들은 아버지의 선택을 존중하여 '그렇게' 하기로 결정한다. 아버지가 평소 좋아하던 음악을 녹음하고 스위스의 기관을 알아보며 숨어서 흐느끼기도 하는 그는 승려 이전에 아버지의 아들이었다.

그의 아버지는 자신이 선택했고 가족이 준비해 준 '안락한' 죽음의 장소에서 스스로 삶의 스위치를 누른다. 그가 머뭇대던 삶의 마지막을 선택한 아버지의 결행을 보면서 그는 어떤 생각에 빠졌을까? 책에서는 그의 죽음에 대하여 구체적인 언급이 없지만 글의 흐름으로 볼 때 그 또한 아버지와 같은 안락사를 선택할 것으로 보인다.

자신의 죽음을 존엄하게 선택할 수 있어야 한다는 생각이 마음에서 떠나지 않는다. 물론 이것은 지극히 개인적인 생각이지만, 만약 우리나라에서도 안락사 제도가 실행된다면 대단한 사회적 문제가 대두될 것이고 격렬한 찬반의 논쟁이 있을 것이다. 그렇게 깊은 사회적 문제까지 가늠할 만한 식견은 없으니 그저 죽음을 바라보는 나의 생각을 생각 속에 접어둘 뿐이다.

무릇, 살아 있는 것들의 목숨은 그 무게가 한결같지 않을까? 가족이라고 부르고 느끼며 산 시간을 외면하고 죽음 앞에 세워진 반려견을 두고 죽음의 형태를 생각해 보는 내가 한없이 야속하다. 저 작은 목숨을 두고 이런 생각을 하는 내가 틀린 것일까?

그는 말한다. '여러분이 사과 한마디를 전해야 할 사람이 있습니까? 지금이 바로 그 말을 꺼낼 시간입니다.'

나도 지금 반려견 초코를 불러야 할까?

엄마 나 그거 먹고 싶어요

누구나 선호하는 음식이 있다. 나하고 다른 식성을 가진 사람을 이상하다고 생각하지 말자. 내가 생선을 못 먹는다는 것은 지구인이면 다 아는 사실이다. 산촌에서 자랐다고는 하지만 중학교부터 서울에서 다녔으니 그만하면 입맛이 바뀔 만도 한데 이만큼 살고도 생선만은 통 먹을 수가 없다. 그나마 다행인 것은 내 아이들이 거부감 없이 생선을 먹는다는 사실이다. 나는 생선 요리를 할 때 간을 보지 않는다. 아니 간을 볼 수가 없다. 비린내를 참아낼 재간이 없어서이다. 그렇게 맛나다는 간장게장도 비린내가 나서 못 먹으니 말해 무엇하랴. 그래서 우리 집의 생선 반찬은 거의가 튀김이다. 기름기가 많은 고등어에 하지감자를 듬성듬성 썰어 넣고 고추장에 바짝 졸이면 눈으로는 꽤 맛나 보이는데 아이들은 굽는 게 훨씬 맛있다고 한다. 아마도 엄마의 튀김 요리에 익숙해져서일 것이다. 나물 종류를 즐겨먹는 나는 도대체 왜 생선이 맛있다는 것인지 이해가 안 된다. 하물며 생선회라니! 어쩌다 생선회를 먹는 모임이라도 있으면 나는 조연으로 따라나오는 푸성귀나 끌어당겨 놓는다. 그래 뭐, 저 좋은 거 먹고사는 거지. 생선 안 먹고도 이만큼 살았는데 바뀔 입맛도 아니고 바꾸고 싶은 생각도 없다.

입맛이 참 천차만별이기도 하지. 큰애는 오이로 만든 반찬이면 뭐든지 잘 먹는데 작은애는 오이 반찬을 쳐다보지도 않는다. 나도 오이를 좋아하는 편이어서 여름이 오기도 전에 오이 반접을 피클로 만들어서 끼니마다 먹는다 어쩌면 피클 종류의 반찬을 즐겨 만드는 나는 게으른 엄마일지도 모른다. 한번 만들면 아무 때나 꺼내 먹을 수 있으니까 얼마나 현명한 방법인가 혼자 웃는다. 피클을 먹던 큰애가 '엄마 그거 먹고 싶어요. 피클 말고 오이지요' 한다. 누구 말씀이라고 거절하랴. 득달같이 달려가서 오이 반접을 사다가 오이지를 담갔다. 예전 내 어머니가 하시던 대로 오이와 물과 소금뿐인 방법이다. 그때하고 달라진 점이 있다면 지금은 소금물을 팔팔 끓여 식기 전에 붓는 것이다. 예전 어머니 방식을 다 기억하지는 못하는데 어머니는 오이지를 담글 때 기왓장 조각을 한 장 넣으셨다. 그렇게 하면 오이가 새파란 색을 오래 가지고 있었는데 지금 생각해도 그 까닭을 모르겠다. 그래, 내가 그렇게 섬세한 사람은 아니니까 하고 넘어가자. 소금물을 끓여서 식힌 후에 부었는지 끓이지 않고 부었는지도 생각나지 않는다. 아무튼 새파란 오이지를 쭉쭉 찢어서 냉수를 붓고 파채를 후루루 뿌려 주시던 상큼한 맛은 또렷이 기억난다. 나중에 내가 없는 시간을 살면서 내 아이들은 엄마의 어떤 음식을 기억할까? 그저 '생선 안 먹던 엄마' 정도 아닐는지 짐작하며 잠깐 쓸쓸하다.

어머니는 호박전을 잘 부치셨다. 그 더운 여름에 연탄불 앞에서 나붓나붓 썬 호박전을 부치던 어머니. 그렇게 부친 호박 위에 양념간장을 얹어 가지런히 담긴 호박부침은 아버지 상에만 올랐다. 아버지는 혼자 밥상을 받으셨는데 아버지 밥상을 방에 들이고 나면 어머니와 언니 나 남동생은 다른 방에서 밥을 먹었다. 그때 남동생은 아직 어렸는데 그애도 아버지 밥상에 얼씬도 못했다. 당신이 무슨 나랏님이시라고 그리 사셨는지 연속극에도 그런 대왕마마는 안 계실 듯하다. 어느 날 저녁 아버지 밥상을 들이고 우리는 부엌에서 물미역 무침을 먹었다. 아, 그 저녁만 생각하면 그리움으로 명치끝이 콱콱 막힌다. 서울로 이사한 지 얼마 되지 않았을 때였을 것이다. 산촌에서 살던 우리는 물미역이라는 먹을거리가 생소했다. 끓는 물에 넣으면 새파랗게 변하던 물미역이 얼마나 신기하던지! 그걸 초고추장에 버물버물해서 손으로 집어 먹으면 정말이지 세상에 이런 맛이 있었다니 감탄이 저절로 나왔다.

지금도 가끔 물미역 무침을 먹는다. 기왕이면 아이들 입맛에 맞추려고 하지만 물미역 무침만큼은 내가 먹으려고 만든다. 엄마가 왜 물미역 무침을 좋아하는지 아이들은 모른다. 나는 추억을 먹는 것이다. 그림을 그린 듯, 사진을 찍은 듯 선명한 '그 저녁'을 먹는 것이다. 그런 날 내 가슴에서 소소리바람이 부는 것을 누군들 짐작하겠는가.

저 오이지가 잘 익으면 나도 어머니처럼 길쭉길쭉 썬 오이지를 냉수에 띄워 아이에게 줄 것이다. 그걸 먹는 아이도, 그걸 무슨 맛으로 먹느냐고 도리질하는 아이도 훗날 오이지 먹던 여름을 마음에서 꺼내볼 것이다. 그리움이란 그렇게 켜켜이 쌓여서 마음속 추위를 달래주는 질료가 되는 것이라고 믿는다. 기왕이면 이름도 근사한 요리를 해주면 좋을 것도 같지만 어쩌랴, 엄마가 오이지 세대인걸. 절임 음식을 많이 하던 엄마, 누룽지를 끓이고 참외 장아찌를 조물조물 무쳐 주던 엄마. 된장찌개 속에서 오래 끓어 간이 밴 두부를 건져 주던 엄마를 가끔씩 꺼내 보면서 아이들은 무슨 생각을 할까?

그래, 사는 게 다 그렇지 뭐. 이별을 미리 준비할 건 없겠지만 나중에라도 나를 그리움 속에 넣어두고 제 가슴을 다독다독하라고 오늘 저녁에는 호박과 두부가 잔뜩 들어간 된장찌개를 끓이고 오이지를 꼭 짜서 무쳐야겠다.

내가 끓이는 맑은장국의 유래

굵은 멸치를 다듬어 다시물을 우린다. 멸치 외에도 무나 대파 양파 버섯 등 그때그때 냉장고에서 꺼낼 수 있는 야채를 함께 넣으면 꽤 정갈하고 감칠맛 나는 다시물이 된다. 어쩌다 멸치 비늘이 보이면 그것도 생선이라고 거슬려서 면보에 거른다. 그러면서 국물이 맛있는 건 또 무슨 변덕인지. 다시물에 국간장과 소금으로 간을 하는데 맛소금류는 쓰지 않는다. 조미료를 안 먹기 시작한 지 삼십 년이 넘었는데 바깥음식을 먹으면 혀가 아리거나 속이 불편할 때가 있다. 별 까탈을 다 부린다. 국간장과 소금으로 간을 한 국물이 펄펄 끓으면 두부를 채 쳐 넣고 계란을 풀어 줄알을 친다. 다진 마늘과 대파를 썰어 넣고 바로 불을 끈다. 끝이다. 원 세상에 어디 가서 이런 간편식을 만날 수 있으랴. 이 국은 입맛 깔깔한 아침에 부담 없이 먹기에 적당하다. 간혹 숙취의 아침이면 해장으로 그만이다. 내가 내 손으로 내 입맛에 맞는 해장국을 끓일 줄 안다는 것은 축복이다. 그러니 술 또한 아름다운 음식이라는 가설을 세워본다. 이런 자가당착이라니.

내가 이런 맑은장국을 좋아하는 것은 어머니의 영향이라고 믿는다. 지금은 방송에서조차 귀한 대접을 받는 가재 이야기를 하려고 한다. 나는 새우젓이 생선 대접을 받는 산골에서 자랐다. 그 시절 너나 없이 궁핍했던 살림에 아이들은 눈만 뜨면 들로 산으로 먹을 것을 찾아 쏘다녔다. 집 근처의 산골짜기를 조금만 올라가면 골짜기를 타고 흐르는 물줄기를 만날 수 있었는데 돌팍을 들추지 않아도 가재가 스멀스멀 기어다녔다. 억새 종류의 질긴 풀줄기를 골라서 가재 등껍질을 꿰어 양손 가득 들고 씩씩하게 걸었다. 전쟁에서 승리한 장군의 발걸음이 그러했으리라. 집은 또 왜 그렇게 멀었는지. 그때 아이들은 노래를 불렀던가? 산에까지 가지 않아도 가재는 많았다. 별빛 환한 초저녁에 집 앞 도랑에 가서 쇠죽 솥에 얹어 찐 수수 이삭을 슬그머니 담그면 가재들이 수수 알처럼 달라붙곤 했다. 그때는 가재들도 어리숙했나 보다. 수수 이삭도 없으면 개구리 뒷다리를 담그기도 했다. 수수 이삭보다 더 강한 냄새를 풍기는 개구리 뒷다리는 금방 가재들로 뒤덮였다. 믿기 어렵겠지만 나는 어릴 때 소심한 아이였다. 개구리 뒷다리도, 그걸 물고 뜯는 가재들도 무서워서 수수이삭으로 만족했었다. 지금 시장에서 양미리를 엮어 매단 것을 보면 내가 들고 다니던 가재꿰미가 생각난다.

어머니는 가재 등껍질을 따고 말갛게 씻어 절구에 넣고 곱게 빻았다. 간장을 휙 두른 밑국물이 끓으면 얼개미를 솥전에 걸치고 절구에 빻은 가재를 내렸다. 흡사 내가 계란장국을 끓이듯 가재살이 몽글몽글하게 덩어리지면서 떠오른다. 텃밭에서 뽑아온 대파를 듬성듬성 썰어 넣고 마늘 몇쪽 다져 넣으면 끝이다. 내가 즐기는 멸치 장국과 흡사하지 않은가? 맛으로야 가재를 당할 수 없지만 흉내는 내고 사는 내가 그럭저럭 기특하다.

무릇, 고향이라는 것은 나고 자란 지역을 이르는 말이지만 손으로 지시할 수 없는 마음의 고향도 있다. 누구라도 가슴 저 아래에 묻어둔 어머니라는 고향이 있겠지만, 그리고 그 '마음의 고향'을 향한 애틋함은 다 같을 테지만 마음속 정서는 제각각 다를 것이다. 특별한 인연을 두고 온 것도 아닌데 가끔 그곳이 그립다. 곰곰 생각하면 내가 그리워하는 것은 '고향'이 아니고 여전히 환하게 보이는 그곳에서의 시간들일 것이다. 풀밭에 뒹굴며 메싹을 캐먹고 찔레순을 꺾어 먹던 내가 보고 싶은 것이다.

골프장이 들어선 내 고향 마을은 찾아가 머물 곳이 되지 못했다. 그때 그 가재들, 버글거리던 골짜기 솔바람은 다 어디로 갔을까? 가재를 잡다가 갈참나무 이파리를 도르르 말아 받아 마시던 골짜기 샘물은 어떻게 눈을 감았을까? 가재를 찧던 어머니의 절구는 아마 죽은 지 오래일 테지. 어쩌면 어느 아궁이에서 타오르지도 못하고 어딘가에 처박혀 썩어버렸을지도 모르지. 도시로 옮겨온 나의 삶도 고향의 그것과 크게 다르지 않아서 여기서는 거기가 그립고 거기 가서는 여기로 돌아와야 했다.

살기 위해서이거나 허기를 달래려고 먹는 음식이 아니고 어머니의 손맛이 생각나서, 고향 생각이 불쑥불쑥 튀어나와서, 어설프게라도 어머니의 음식을 흉내내며 산다. 나도 내 아이처럼 말할 수 있었으면 좋겠다. '엄마, 나 그거 먹고 싶어요' 대답이 궁색하면 공연히 먼데 하늘가에 눈길을 던지던 어머니는 지금 어디를 보고 계신지.

엄마도 없고, 가재도 없다. 믿거나 말거나 눈동자가 산머루 빛깔이던 나도 없다.

백비탕白沸湯 아시지요?

뒤란에는 늙은 앵두나무와 매화나무가 있었다. 매화나무는 싸리 가지처럼 낭창거리는 줄기에 작고 하얀 꽃송이가 마디마다 몇 송어리씩 뭉쳐서 피었다. 훗날 둥치가 굵은 매화나무를 보면 내가 아는 매화나무와 달라서 다른 꽃이지 싶기도 했다. 앵두나무는 아주 컸는데 앵두꽃이 피면 그늘진 뒤꼍이 등불을 내건 듯 환해지고 꽃이 진 후에 빨간 앵두가 다닥다닥 열리면 그 앵두가 전부 불꽃처럼 보였다. 마루에 앉아서 뒷문을 열면 뒤꼍 풍경이 그림처럼 보였는데 어린 눈으로 뭘 안다고 그 자리를 그리 좋아했나 싶다. 내가 뒤란 나무들을 늙었다고 하는 것은 기억을 편집하는 세월 때문일 것이다.

엄마는 큰 앵두나무는 언니 나무라고 나를 엄하게 단속했다. 내 앵두나무는 장독대 옆에 있는 어린 나무였는데 대신 앵두 알이 퍽 굵었다. 언니가 나보다 크니까 당연하다고 생각했겠지만 그래도 가끔씩 투덜거렸던 생각이 난다. 앵두나무 뒤쪽으로 나무 울타리가 있었는데 우리는 울타리에 샛문을 만들어 놓고 드나들었다. 학수네 우물가에 서 있던 대추나무 밑을 훑으러 다니기에 안성맞춤이었다. 엄마가 울타리 밑에 심어서 가꾸는 호박

넝쿨은 옆으로 뻗기도 했지만 나무 울타리를 타고 올라가기도 했다. 아침이면 나무 울타리에서 호박을 따오는 엄마를 문구멍으로 내다보면서 일어날 시간을 가늠하곤 했다. 시계를 보라고? 시계가 어디 있나, 밥도 없는 세월을 살았는데 시계라니!

엄마는 사기 대접에 반으로 가른 호박을 담아 밥솥에 얹었다. 밥을 뜸들인 후 호박 대접을 꺼내 숟가락으로 뚝뚝 잘라서 간장과 깨소금을 얹어 상에 내곤 했다. 하긴 깨소금이라야 십리에 하나씩 보이긴 했지만 우리는 그 호박찜을 밥그릇에 퍼다 맛나게 비벼 먹었다. 쌀은 눈 씻고도 찾기 힘든 보리밥은 잘 비벼지지 않았지만 호박찜과 비비면 유난히 맛있었다. 평생 먹을 보리밥을 그때 다 먹은 듯 지금은 보리밥을 쳐다보기도 싫다. 후에 그 맛이 생각나서 노점에서 엄마의 호박과 비슷하게 생긴 둥근 애호박을 사다가 기억이 시키는 대로 호박찜을 해봤는데, 정말 맛없었다. 원인을 생각해보면 나는 엄마가 아니고, 호박도 엄마 호박이 아니고, 간장도 햇볕에 익고 달빛에 쉬던 장독대 간장이 아니었다. 무엇보다 내 입맛이 너무 멀리, 너무 복잡한 맛에 홀려 있어서일 것이라는 결론이 나왔다.

엄마의 음식 중에는 세상 어디에도 없는 기가 막힌 음식이 있다. 내가 백 살쯤 되는 나이도 아니고 지금은 그런 궁벽한 산골도 드물지만 아무튼 '먹을 것'이 정말 귀했던 그때. 흰 쌀밥을 고봉으로 퍼 담은 밥상을 받는 집에는 마실도 못 가게 하던 할머니도 어머니도 먹는 날보다 굶는 날이 더 많았을 것이다. 아침이면 십리 길을 걸어서 학교에 가는 아이들을 위해 엄마는 뭐든지 끓여냈다. 솥에 잡아넣을 것만 있으면 끼니가 되었다. 할머니 말씀으로는 '새앙쥐 볼 가심 할 것'도 없는 집이었다. 저녁 끼니 때가 되면 어머니는 가끔 가마솥 가득 맹물을 끓였다. 동네 사람들에게 저녁밥 짓는 연기가 오르는 굴뚝을 연출하셨던 것이다. 그때 우리 형제는 무얼 먹고 잠들었을까? 내가 지금까지 살아오면서 먹어 본 음식 중에 어머니가 끓여주던 맹물 한 사발 만큼 눈물겹고 지극한 음식이 있었을까? 나는 그렇게 어머니의 백비탕白沸湯을 먹고 자라서 시인이 되었다.

그러나 지금 생각하면 정말 먹을 것이 많았다. 아이들은 별별 먹을거리를 기막히게 찾아냈다. 개구리 뒷다리를 싸리 가지에 꿰어 구워 먹었다. 물론 나도 먹었다. 맛있다. 그때는 불치병으로 여겼던 결핵을 앓던 광배 아버지는 개울가에 약탕관을 걸고 뱀을 고아 먹었다. 개구리 뒷다리며 미꾸라지를 호박잎에 싸서 구워 먹는 것들이 뱀을 어떻게 먹느냐고 개울가를 멀리 돌아가던 생각을 하면 웃음이 나온다. 잠자리 가슴살을 아주까리 잎에 싸서 솔잎으로 구워 먹었다. 어쩌다 버섯이라도 눈에 띄는 날이면 혼자 못 먹고 집으로 가지고 뛰어갔다. 메싹을 캐 먹고 삘기를 뽑아 먹고 도토리를 구워 먹었다. 말해 뭐하랴, 깜부기도 먹었는데. 믿기 어렵겠지만 대추나무 가지에 매달린 쐐기집도 구워 먹었다. 지금까지 쐐기 구워 먹었다는 사람은 딱, 한 명 만났는데 피붙이를 만난 듯 반가웠다. 우렁을 잡다가 미끄러져서 아래위 할 것 없이 뻘건 흙탕물이 들었던 날은 정말 무섭게 맞았다. 그래도 저녁에는 우렁 된장찌개를 먹었다. 지금도 비 퍼붓는 저녁이면 내일 아침 삼순이 아줌마네 뒷담 너머로 떨어진 살구를 주우러 갈 생각으로 잠을 설친다. 엄마들은 당신이 살아온 이야기를 소설로 쓰면 열 권은 될 거라고 짓무른 눈가를 훔치지만, 내가 어릴 적에 먹었던 것들을 다 적으면 어지간한 소설책 한권에는 좀 못 미칠 것이다. 그런데, 어머니의 백비탕은 무엇으로 끓였던 것일까? 설마, 덜 마른 솔잎 몇 주먹으로 끓였다고 생각하는 독자는 안 계실 것이다. 그렇다고 어머니의 눈물이거나 바작이는 가슴으로 끓였다고야 쓰겠나? 그런 날 등잔불 밑에서 보던 어머니의 입술이 툭

툭 터져 있었다는 것만 적어둔다.

그렇게 먹고 살았어도 지금은 세금 내고 산다고, 가끔씩 돈 주고 우렁된 장찌개를 사 먹고 산다고, 그냥 그렇다는 얘기라고, 아무도 궁금해하지 않는 이야기를 두런거려 본다.

바람 부는 계절

칠월칠석이라고 하면 얼핏 오작교를 생각한다. 견우성과 직녀성이 일년에 한 번 은하수를 건너서 만나게 된다는 애틋한 전설에 그이들이 은하수를 건너는 다리가 되어 준 까치와 까마귀의 설화가 입혀져서 아름다운 이야기 한 편이 완성된다. 우리가 아는 전래 동화는 생각보다 잔혹한 줄거리가 많은데 가령, 「콩쥐 팥쥐」의 경우 마지막에 새엄마의 딸 팥쥐를 젓갈로 담아 그 어머니에게 먹였더니 어머니가 마침내 미쳐서 죽었다는 따위가 그렇다. 아무리 권선징악勸善懲惡을 가르치려 했다지만 왜 그렇게까지 잔혹한 결말인지 이해하기 어렵다. 억지라고 할지 모르지만 「성냥팔이 소녀」의 경우도 현대의 시각으로는 '아동 학대'가 분명하고 어린아이에게 '성냥'을 팔게 하다가 자칫 불이라도 나면 그 책임을 어디에 물을 것인가 생각하게 된다. 그렇게 따지자면 별별 시비가 난무할 것이니 여기서 접는다. 세상에는 꼭 아름다운 이야기만 있는 것은 아니라고 내가 나를 달래는 것이다.

칠월칠석에는 장마도 대충 끝나고 오이와 참외가 한참인 절기이다. 민간에서는 호박전을 부쳐 제사를 지냈다는 세시풍속을 읽다가 문득 할머니를 생각했다. 할머니는 칠석날 저녁 무렵이면 광목 치마저고리를 정갈하게 차려입고 칠석 상을 펼치셨다. 마당 가에 화덕을 놓고 솥뚜껑을 앉혔다. 엄마가 곱게 채썬 호박을 밀가루 반죽에 개어서 전을 부쳤다. 평소에는 잘 먹지 않는 들기름을 솥뚜껑에 두르는데 그때 북어 꽁지나 무 토막으로 기름을 찍어 바르곤 했다. 까닭은 모르겠는데 칠석날 기도의 대상은 자손이었다. 할머니는 '다 느덜 잘 되라고' 드리는 치성이라고 말씀하셨다. 나중에 커서 절집에서 보는 풍경도 다르지 않아 칠석 불공은 자손을 위해서라고 했는데 그저 그러려니 여기고 넘어가곤 했다.

칠석 상에서 내려온 호박전은 표현하기 어려운 감미로운 맛이었다. 우리 고장에서는 들기름을 음식에 잘 쓰지 않았는데 전을 부칠 때는 참기름과 들기름을 섞어서 썼던 듯하다. 지금의 애호박과는 다른 맛의 애호박을 넣고 얇게 부친 호박전은 일년에 한번 누리는 호사스런 맛이었다. 손자들 앞으로 전을 밀어둔 할머니는 멍석 귀퉁이로 물러앉아서 담배를 피우시곤 했다. 그때 할머니의 담배는 '풍년초'라는 잎담배였는데 언니와 내가 다 쓴 공책을 반듯하게 오려두면 할머니는 그 종이에다가 잎담배를 조르르 눌러 담배를 말았다. 나중에는 담배 마는 일이 언니와 내 차지가 되었다.

음식으로 누군가를 추억하는 일은 가슴 밑바닥에 쟁여둔 그리움의 일종이다. 엄마와 할머니뿐이었던 집안에서 음식 장만은 어머니 몫이었으므로 기억 속 할머니의 음식은 잘 떠오르지 않는다. 하긴 두 사람의 손이 필요할 만큼 음식거리가 넉넉한 시절도 아니었지만 추석이나 설날에는 할머니가 이런저런 음식 재료를 장만하셨다. 소는 엄두도 못 낼 시절이었고 형편이 된다고 해도 밀도살이 엄히 단속되던 때였다고 기억한다. 그래도 명절이면 마을에서 돼지를 잡았다. 돼지고기는 소분해서 마을 사람들이 나누었는데 돼지값 추렴에 들지 못한 할머니는 뒷전에서 기웃대다가 행여 여분의 고기가 있으면 그걸 사오셨다. 주로 내장 쪽이었지만 우리에게는 눈이 휘둥그레질 만큼 반가운 고기였다. 간혹 소고기가 오르던 명절도 있었다. 가을 김장배추가 얼갈이쯤 자랐을 때의 장날이면 할머니는 소 내장을 사오셨다. 그때 우리들 눈에는 검은 수건처럼 보이던 처녑을 돌팍에 박박 문질러 빨아서 까만 부분을 말끔히 닦아냈다. 얼마쯤 잘라서 화롯불에 뚝배기를 얹고 끓였는데 지금의 소양곰탕이 그것이었다. 뚝배기에 끓인 양곰탕은 남동생의 몫이었다. 텃밭에서 뽑아온 얼갈이배추를 잔뜩 넣고 된장과 고추장을 섞어 끓여내는 얼갈이배춧국은 우리 집의 연중 음식이었다. 할머니의 음식 중에는 닭내장탕도 있었다. 언젠가 을지로의 음식점에서 닭내장탕을 보고 깜짝 놀랐다. 그러니까 할머니는 그때 이미 저 음식을 만드셨던 것이다. 닭을 잡으면 내장과 모래주머니를 개울에 가지고 가서 말끔히 씻었다. 내장은 반으로 갈라서 뒤집고 모래주머니도 속껍질을 벗겨 빨랫돌에다 맑은 물이 나올 때까지 문질렀다. 닦았다가 아니고 빨았다고 해야 맞을 것이다. 그것들을 고기와 같이 넣었었는지 따로 끓였었는지는 생각나지 않는다. 돌이켜보면 얼마나 알뜰히도 먹을 것을 챙겼는지 기가 막히다. 언젠가도 썼지만 먹어서 죽지 않는 것들은 모두 먹었다. 혹자는 그렇게 혹독한 가난이 있었느냐고 묻거나 어쩌면 이 글이 청승맞게 읽힌다고 할지도 모른다. 물론 그 시절에도 쌀밥 먹는 아이들도 많았다. 그러나 스스로 게을러서 얻어진 가난이 아니고 시절이 그러했고 그런 중에도 최선을 다해서 살아냈으니 부끄러울 것 없는 기억이다.

고백하거니와 할머니의 얼굴은 생각나지 않는데 그 손끝에서 나온 음식이거나 나물 보따리에 들었던 찔레순이며 더덕 잔대 같은 먹을 것들은 선명하게 생각난다. 먹고산다는 일이 얼마나 대단한 일인가.

마당에 멍석을 깔고 옥수수를 먹던 저녁, 그렇게도 쏟아지던 별빛은 다 어디로 갔을까? 칠월칠석의 호박전을 세상 최고의 음식으로 여기게 하던 어머니와 할머니는 어디쯤 계실까?

익숙하다는 것

물고기도 저 놀던 물이 좋다는 말이 있다. 익숙한 것들 속에서 안정을 찾는 보편적인 심리를 이르는 말일 것이다. 그러나 생각을 바꾸면 안정 속에서 침체가 온다는 말 또한 맞는 말일 것이다. 그러니 어쩌라는 것인가? 사람마다의 선택이 다르고 지향하는 바가 다른 것이니 이미 '익숙'해서 편안한 쪽을 택할 것인지 모르는 쪽을 선택하여 '더 나은' 결과를 찾을 것인지는 전적으로 본인의 판단이고 선택이다. 익숙한 것을 버리고 새로운 것을 시도한다는 것은 다소 무모하게 보일 수도 있다. 그러나 시도하지 않으면 변하지도 않는다. 예전에는 '우물을 파도 한 우물을 파라'고 했지만 현대인들은 한우물만 파는 것은 시간과 돈과 가능성을 담보하는 안일한 방법이라고도 여긴다. 물이 나올 우물인가 아닌가를 미리 조사하고 계획을 세우고 실행했어도 '물 없는' 우물터일 수 있다. 그때, 머뭇대지 말고 계획을 수정하여 '다른 우물'을 찾는 것이 현명하다는 것이다. 그래, 그럴 수 있다. 그런데 아직도 '한 우물'을 고집하는 것은 새로운 계획을 시작하기에는 이미 늦은 나이이거나, 평생을 발 담그고 있던 '익숙함'에서 빠져나오지 못하거나 빠져나오고 싶은 생각이 없는 나 같은 세대도 있다.

지인 몇몇이 모여 점심을 먹기로 했다. 그중 누군가가 다녀온 작은 식당을 칭찬하면서 모인 자리였다. 아주 깔끔하고 옛스러운 반찬이 나오는데 그중에서 감자전이 그렇게도 맛있더라고 입에 침이 마른다. 그것뿐이 아니고 무슨무슨 반찬이 다 입에 맞더라고, 꼭 한번 같이 가보자고 권했다. 워낙 음식 솜씨가 좋고 미식가로 인정받는 분이었으므로 우리는 단번에 그 말을 믿기로 했다.

그렇게 그 '밥집'에 갔다. 테이블이 여덟 개였던가? 나이 지긋한 두 어르신이 장사하는 집이었다. 마침 점심시간이었고 특별한 메뉴보다는 그저 '백반'이 손님들의 선택이었다. 우리가 어려서 먹었음 직한 반찬이 차려졌다. 된장찌개는 시판 된장과 집 된장을 섞어 끓인 듯했지만 비교적 담백했다. 짠무김치를 채 썰어 고춧가루에 무친 것은 우리만큼의 나이가 아니라면 환영받을 반찬은 아니다. 그러나 우리는 그 짠무 무침을 도시락 반찬으로 싸가지고 다니던 세대다. 맛보다 그리움이 먼저 올라왔다. 그 외에 몇몇 나물 무침과 가자미구이가 있었다. 아, 더덕 무침도 있었다. 감자전은 생감자를 갈아서 부친 듯한데 전분이 많이 들어가서 '현대화'했다고 해야 했다. 그러나 물가를 생각하면 가격 대비 훌륭한 차림이었다. 조미료 맛이 강하지 않아서 맛이 깨끗한 점도 마음에 들었다. 맛 전문가도 아니고 이 글이 식당 홍보 글도 아니니 이렇게까지 구구절절 쓸 필요는 없지만 내가 '익숙한 맛'에 얼마만큼 길들여졌는지를 설명하려는 것이다.

나이가 많아지면 추억이 함께 많아진다. 그중에서도 여자들의 음식에 관한 추억은 어떤 대하소설보다 길고 재미있고 간간히 눈물도 섞여 나온다. 엄마가 잘해 주던 음식이거나 어릴 적 먹고 싶었던 음식 이야기만으로도 하루해가 짧다. 왜 아니겠는가?

음식 솜씨도 '내림'이어서 대개의 경우 어머니의 음식 취향을 닮는다. 간을 맞추는 정도나 선호하는 음식이 자연스럽게 어머니를 흉내내게 되면서 집안의 음식으로 자리잡는 것이다. 나 또한 그렇게 어머니의 솜씨를 흉내 내는데 아무리 오랜 시간이 지나도 따라갈 수 없는 '엄마 맛'이 있다. 어머니는 '나박김치'를 잘 담그셨다. 지금처럼 이런저런 재료가 넉넉하던 시절이 아니었으므로 그저 무와 배추를 나박나박 썰고 고춧가루 물을 걸러 발그레한 국물을 부어 익혔다. 시기에 따라 미나리나 돌나물이 들어가기도 했는데 나는 돌나물 물김치가 그렇게 싫었다. 도톰한 이파리가 어쩐지 채송화 같아서 지레 입맛을 닫았던 듯하다. 이건 이래서 싫고 저건 저래서 싫다고 트집을 잡았다. 지금이라면 혹 모르지만 먹을거리가 하늘의 별따기였던 시절에 쥐어박지도 못 할 병약한 딸을 두고 어머니는 얼마나 애 터졌을까? 아카시아꽃을 밀가루에 버무려 찌던 낭만적인 밀가루 떡도 들큰해서 싫었고 물기가 많아 질컹거리고 성냥골 냄새가 나던 무시루떡도 안 먹었다. 나중에 그 냄새가 무 특유의 유황냄새라는 걸 알았다. 메뚜기를 가마솥에 볶아서 키에 넣고 썩썩 문질러 까불면 다리와 날개는 다 날아가고 몸뚱이만 남았다 그걸 간장에 바짝 졸여 주셨다. 도시락 뚜껑을 열면 새카만 메뚜기 눈이 반짝거려서 화들짝 놀라며 뚜껑을 덮었다. 그래도 밥은 다 먹었다. 허기 만큼 힘이 센 감정을 나는 아직도 모른다.

나도 나박김치를 즐겨 담는다. 혹, 내 아이들도 나중에 나박김치를 담글까 생각해보는데 아마도 헛꿈일 듯하다. 전통이라는 것이 꼭 그럴듯하거나 보암직한 것만 있는 것은 아니다. 엄마 손에서 나오던 맛을 이어가는 것도 훌륭한 전통이 된다고 믿는데 지금은 '음식 맛의 평준화'가 확산 중이니 김치보다 스파게티가 맛나다는 아이들을 나무랄 수도 없다.

내가 엄마의 '맛'을 그리워하는 것은 꼭 익숙해서만은 아니다. 엄마니까,

엄마의 음식이니까 그렇다. 나는 평생토록 만들어도 '엄마의 맛'이 아니어서 만들고 또 만든다. 오늘도 호박잎을 찌고 강된장을 끓인다. 내 아이가 호박잎을 받아든 저 손이 '마지못해서'가 아니기를 바란다.

익숙해진다는 것은 그리움을 키운다는 말이기도 하다.

3부
오독이거나 편견

엘리엇의 「프로프록의 연가」와 「황무지」의 현대성

하버드 대학 재학 당시 「프루프록의 사랑 노래」(「프루프록의 연가」로 쓰기도 한다)를 발표하면서 모더니즘의 창시자로 불렸던 에즈라 파운드로부터 '영어로 쓴 최초의 현대적 작품'이라는 찬사를 받았던 T. S. 엘리엇의 작품이 지닌 현대성을 살펴 읽는다.

'미숙한 시인은 흉내 내고, 성숙한 시인은 베낀다. 못난 시인은 자기가 가져온 것에 칠을 하고, 훌륭한 시인은 가져온 것을 더 좋게 만들거나 적어도 색다르게 만든다.' 이 말은 표절 시비에 휘말린 엘리엇의 말이라고 한다. 그렇다면 엘리엇은 자신의 표절을 부정한 것인가, 시인한 것인가? 그 첨예한 문제의 해답을 대중의 몫으로 떠넘긴 절묘한 문장이다.

인간의 모방성은 문학에서도 예외가 아니므로 여러 분야에서 빌려온 문장이거나 이미지 혹은 방법론적 표절의 가능성을 열어둔 것으로 보인다. 그런 점으로 미루어 그가 대중의 평판이나 독자의 호응에 연연하지 않았으며 새로운 창작 방법을 시도한 자유로운 글쓰기의 작가라는 점을 알 수 있다. 현대인의 좌절과 갈등, 소통과 단절에 대한 작가의 시각이 나타나 있는 「프루푸록의 사랑 노래」를 읽으면 이 시가 발표된 20세기 전후 시의 특징을 살펴볼 수 있다.

인간이 따라잡기 힘들 만큼 가속화되는 산업화의 흐름 속에서 수용하기 힘든 문명의 변질과 그에 따른 가치 상실의 현상, 인간적 소통의 단절 등이 나타나기 시작한 암울한 산업화 시대가 작품의 배경이며 그것은 극명한 현대성의 표현이다. 그러나 엘리엇의 자의식은 문명의 혼돈 속에서도 비극적인 현대인들의 모습을 직시하고 있다. 그가 내적 자아인 '그대(너)'를 통해서 나타내고자 한 것은 부정적 자아의 반대편에서 단절된 외부와의 소통을 시도하면서 단절로부터 벗어나려는 현대인의 심정적 실상이다. 이는 화자 내면의 정서를 전달할 수 있는 모더니즘 문학의 특징이다. 여기에서의 '그대'는 화자인 '나'와 외부 세계를 매개하는 주체가 되기도 하고 나와는 전혀 상관없는 독자가 되기도 한다. 또한, 화자의 독백을 통하여 시의 배경이 되는 시대 상황을 유추할 수 있다. 그가 무기력 상태의 암울한 군상들의 소묘를 그리며 나타내고자 했던 것은 무엇이었을까? 엘리엇은 이 시에서 마치 지옥 같은 현실을 그리고 있는데 그가 본 하늘은 수술대 위의 환자처럼 널브러져 있고, '여자들의 팔다리는 여위어' 있다.

프로이드의 욕망 이론에서는 인간의 팔다리를 욕망의 실현 도구로 본다. 저 여윈 팔다리를 가진 현대인들은 어디로 갈 수 있고, 무엇을 끌어안을 수 있을까? 모더니즘의 이중성이 잘 드러나고 있는 이 시는 '그대와 나'(you and I)라는 표현으로 화자를 지칭하지만 작품 속 '그대'와 '나'가 정확히 나뉘지는 않는다. 평자들은 작품 속의 '너'를 내적 자아로 보고 있다. 시는 독백의 형태로 전개되고 있으며 '너를 위해서도 시간, 나를 위해서도 시간이 있겠지', '그리고 정말 시간은 있겠지'라는 독백을 통해 우울한 현대인의 모습을 나타내면서 한편으로는 '해낼 수 있을까?'라는 현실에 대한 불안한 기대를 나타내고 있다. 그것은 '공식적 문구로 사람을 정해 버리는 눈들'이라는 지극히 현실적인 표현에서도 동일한 느낌을 전한다. 가져야 할 것과 가지지 못하는 자들의 좌절을 나타내기에는 그 한 줄로도 충분하다. 산업화에 밀려 기계문명에 휩쓸리면서 마치 기계가 된 듯한 현대인들의 모습을 바라보는 화자의 냉철한 시각을 읽을 수 있다.

여기서 우리는 '그가 시에 기여한 업적은 과도한 감정을 배제할 때 시가 얼마나 효과적으로 감동을 주는가'(황동규, 「황무지」 해설)라는 커다란 깨달음을 얻는다. 이 글에서 엘리엇의 시를 깊이 이해하거나 평가할 수는 없다. 다만 그가 「프루푸록의 연가」를 통해 나타내고자 했던 자의식의 흔적 속에 지극히 부정적이고 침체 된 일상의 독백이 얼마나 객관적으로 묘사되고 있는가에 주목할 필요가 있다. 엘리엇이 전하는 현대성의 메시지는 인간의 정서를 위협하는 기계문명과 산업화에 떠밀려 망가져 가고 있는 생태계의 파괴 등이다. 독자가 시를 통해서 지구의 미래가 얼마나 심각한 상황에 처했는지를 알고 걱정할 수 있다면 그 또한 엘리엇이 의도한 미덕일지도 모른다. 「프로푸록의 연가」에서 사회적 현대성의 병폐를 객관적으로 바라본 엘리엇의 시적 자아는 「황무지」라는 또 하나의 걸작을 탄생시켰다. 시의 내용을 구체적으로 이해하지 못하더라도 많은 대중들이 해마다 4월이면 이 시를 한 번씩 거론한다. 그가 그리고 있는 황무지는 대지의 형식을 빌리고 있을 뿐 사실은 정신적 폐허 상태의 현대인들을 지시하는 것이다. 일종의 방어기제로 볼 수도 있는 무의식 속에 자아를 가두고 있는 현대인들을 겨울잠을 자는 나무와 병치시키고 있다. 인간의 억제된 자아를 흔들어 깨우는 것은 어쩌면 겨울을 견딘 대지를 깨우는 일보다 어렵겠지만, 봄이 그렇게 하는 것처럼 엘리엇은 화자를 내세워 현대인의 '깨어남'을 외치는 것이다. 434 행의 장시로 되어 있는 「황무지」는 20세기 영미시와 모더니즘 문학의 선두주자로 꼽힌다. 그런데 앞에서도 언급한 것처럼 이 시는 어떤 의미에서는 순수한 창작시가 아니라고 보는 시각도 있다. 그리스 신화, 오비드의 「변신」, 「바이블」, 「우파니샤드」, 단테의 「신곡」, 셰익스피어의 「템페스트」, 보들레르의 「악의 꽃」 등 고전 작품들을 인용하거나 변형했기 때문이다. '현실감이 없는 도시/ 겨울 새벽의 갈색 안개 밑으로/ 한 떼의 사람들이 런던교 위로 흘러갔다./ 그처럼 많은 사람을 죽음이 망쳤다고 나는 생각도 못했다'라고, 「황무지」의 제 1부 '죽은 자의 매장'에서 그려진 현대성의 상징인 런던시는 보들레르의 「악의 꽃」에 등장하는 잿빛 도시, 단테의 「신곡」에 나오는 지옥 풍경과 겹친다. 그러나 '훌륭한 시인은 가져온 것을 더 좋게 만들거나 적어도 색다르게 만든다'고 한 자신의 말에 책임질 수 있는 작품이므로 우리는 「황무지」를 사랑하는 것이다. 엘리엇은 들뜨고 달콤한 낭만주의의 감정이 아닌 냉철한 지성의 눈으로 현대성을 그렸다. 그에게 시는 영혼과 정서의 표현이 아니라 감정의 절제를 거친 고도의 이성적 작업이었다. 그가 시 창작만이 아니라 비평 활동 등을 통해 주지주의 문학의 체계를 확립했던 것도 그러한 맥락일 것이다.

'강의 천막은 찢어졌다, 마지막 잎새의 손가락들이// 젖은 둑을 움켜쥐며 가라앉는다./ 바람은 소리 없이 갈색 땅을 가로지른다. 님프들은 떠나갔다./ 고이 흐르라, 템스 강이여, 내 노래 끝낼 때까지.'(『황무지』, 민음사, p.76) 꽃들이 우거지고 노랫소리가 울려 퍼지던 그곳은 신의 세계였거나 약속된 땅이었을 것이다. 화자가 이야기하고 있는 세상은 그렇게 먼 이상향의 그곳이 아니고 얼마 전까지도 인류가 더불어 살던, 산업화에 오염되기 이전의 현실일 것이다. 그 평화롭던 시대로부터 추방되거나 스스로 멀어진 현대인의 빈곤한 내면을 그리면서 그 같은 현대문명의 황무지 상태를 극복하기 위해 신화적 상징을 빌려왔을 것이다. 따라서 「황무지」는 엘리엇이 창조해낸 현대적 신화의 공간이고 독자들은 그 시를 읽으면서 인류 신화의 무수히 많은 원형들 속으로 젖어들게 된다. 그 외에도 기독교와 불교적 시각과 이상을 차용하여 인간의 원초적 욕망을 나타내기도 하였다. 결국, 그는 「황무지」를 통해 인류가 신화, 종교, 철학, 등의 예술 분야를 통하여 끊임없이 탐구하고 강조했던 구원의 지혜를 재생함으로써 황무지 상태의 현대인들에게 아름다운 세상, 평화로운 소통, 인간적인 삶의 참모습을 일깨우려 했다. 이는 곧 현대 문명에 길들여진 비인간화에 대한 역설이며, 황폐화된 현대인의 정신적 황무지를 나타냄으로써 인간성 회복에 대한 강한 열망을 담고 있는 것이다. '정신적 메마름, 인간의 일상적 행위에 가치를 주는 믿음의 부재, 생산이 없는 성, 그리고 재생이 거부된 죽음에 대한 시(황동규)'라고 엘리엇 읽기의 방향을 제시한 안내를 몰랐더라면 그의 시를 이해하기 어려웠을 것이다. 그것은 지금까지 경험해온 시 읽기와는 전혀 다른 형식과 낯선 이미지 때문이다. 시인 자신이 나타나지 않는 그의 시는 '전체로서의 인격'이라는 예이츠에 익숙한 독자에게 '시란 인격의 표현이 아니라 인격으로부터의 도피'라는 낯선 명제를 제시한다. 그의 작품들은 영화나 연극처럼 고도의 장치를 감추고 있다. 엘리엇에게 있어서 시란 '정서를 토로하는 것이 아니라 정신과 감정의 상태에 대한 언어의 등가물을 발견하는 일'이다. 그가 「햄릿론」에서 사용한 유명한 용어 '객관적 상관물'은 이 점을 보다 구체적으로 규정한 말이다. 자신이 말한 '객관적 상관물'에 대한 그의 설명은 '정서를 예술의 형식으로 표현'하는 유일한 방도는 '객관적 상관물'을 발견하는 것, 바꾸어 말하면 특정한 정서의 형식이 되는 한 묶음의 사물, 하나의 정황, 일련의 사건을 발견하는 것으로, 그 형식이란 감각적 경험으로 끝나야 하는 외적 사실이 주어지면 그 정서가 즉시 환기되는 그러한 종류의 것이라는 것이다.

하버드 대학을 졸업하고 프랑스의 소르본느(Sorbonne)대학에 유학하여 문학과 철학을 연구하고, 다시 하버드로 돌아와 형이상학, 논리학, 심리학을 연구했다는 그의 화려한 이력을 보면 메마른 현대인의 정서적 고갈을 직시하고 생태계의 파괴를 염려하는 그의 심성이 어디서 기인되었는지 이해할 수 있다. 그의 작품세계를 전기와 후기로 나누어 정리하자면 「황무지」 이전의 시들은 사회적 풍자와 부정적 시각의 시이며, 후기 시는 명상과 긍정의 시라고 보는 것이 대다수 평자들의 시각이다. 즉, 실체가 없는 망령들의 세계를 그리면서 거기 나타나는 지옥의 형태는 현대 세계이며 그 지옥을 떠도는 망령들은 영혼을 망각하며 살아가는 현대인들의 초상이다. 그러나 그는 「황무지」에서 '죽은 나무에서 싹을 틔우는' 구출의 이미지를 장치하여 정신적 구원의 희망으로 다시 부활하는 세상을 향한 긍정의 의미를 노래한다.

노벨문학상 수상이라는 문학적 업적과는 달리 개인적인 삶은 그다지 평탄하지 않았던 듯 그는 68세에 30세의 여비서와 재혼하였다. 삶과 사랑과 현실 일체를 부정하던 그의 사상이 재혼 후에는 사랑을 구가하고 삶을 긍정하는 방향으로 변모하였다. 그가 얼마나 깊고 냉철한 지식을 가졌는지와는 상관없이 인간을 변화시키는 가장 결정적인 질료인 사랑이라는 불변의 철학 앞에서는 그도 자유롭지 못했던 것 같다. '우리가 시작이라고 부르는 것이 흔히 끝이요, 끝낸다는 것이 시작하는 것임을 풀이하고 천국의 사랑과 지상의 사랑이 하나가 될 때 만사가 길하리라'는 문장과 같이 엘리엇에게 긍정과 부정은 동일한 토대 위에 있으며 그가 추구한 현대성은 지금, 여기, 그리고 나의 존재 인식과 성찰에 기인한다는 현대성의 결론을 얻는다.

참고 ; T. S. 엘리엇, 황동규 옮김, 『황무지』, 민음사, 1995.

류시화, 그는 누구인가?

'시가 세상을 얼마나 변하게 할 수 있을까?'라는 어떤 글 아래 나는 이렇게 적는다. '시는 세상을 변하게 할 수 없다. 다만 깊어지자고, 더 깊어지자고 매 순간 바닥을 치는 것뿐이다.' 그러나 과연 이 말이 맞는다는 확신은 없다. 세상에 '절대'란 없는 법이니까. 그런데 이런 '절대'의 보편성을 보란 듯이 깨고 시집 백만 부 판매라는 경이로운 기록을 세운 류시화.

류시화의 시는 쉽다고 생각하는 오류가 있기도 하지만 매우 쉬운 시어들과 반복적 리듬으로 꾸려져서 독자가 따라가기 쉬운 길을 알려준다, 아마도 많은 이들이 그의 시에서 짐작조차 할 수 없었던 삶의 지혜를 얻어 갈 것이다. 그렇다. 그렇게 지나치지 않고 행간을 뒤지는 독자라면 그의 시 행간에 그득그득 쌓인 사유를 찾아낼 수 있을 것이다. 그를 두고 '대중적 취향에 편승한 가벼운 글쓰기'라거나 '대중성의 가면을 둘러쓴 세속적 글쓰기'라고 비아냥거리는 시선도 있지만, 그것은 문학의 범주에 대한 이해 부족이거나 그에게 쏟아지는 명성에 대한 콤플렉스일 수도 있다. 그가 누리는 대중성은 문학의 지경을 넘어선 사회적 현상으로 주목할 수도 있기 때문이다.

근현대문학 백년사의 최고 베스트셀러 시인이라고 불리는 류시화. 그는 정지용의 고향인 옥천 태생이다. 일찍이 시인의 운명을 타고났나 싶기도 하다. 인간의 성장 환경이 정신세계에 미치는 영향은 여러 학설로 증명된 바 있거니와 옥천을 두루 살펴본 적이 있다면 이러한 의견에 쉽게 동의할 것이다.

눈에 보이는 모든 사물이 시가 되어 나왔다는 어린 류시화. 자신이 느끼는 체험을 표현하려 애썼다는 그. '시는 인간 존재의 자연스러운 기도'라는 릴케의 말을 믿는다고 한다. 고등학교 때부터 영혼에 심취했다고 한다. 동년배의 고등학생들이 꿈꿀 자유도 없는 입시 지옥의 문에 매달려 있을 때 그는 스스로의 영혼을 어루만지는 행복한 삶의 방향을 찾아냈던 것이다.

널리 알려진 바와 같이 그의 시집 『그대가 곁에 있어도 나는 그대가 그립다』와 『외눈박이 물고기의 사랑』은 둘 다 1백만 부 이상이 팔렸다. 믿기 어렵지만 사실이다. 또한 그는 1백 권이 훨씬 넘는 번역서의 번역자이다. 그의 번역서들에서는 시도 때도 없이 베스트셀러가 나온다. 출판계에서 '마이더스의 손'으로 불릴 만하다. 그런가 하면 그는 국내외에 널리 알려진 명상 수련가이다. 영어와 일어에 능통하며 인도의 정신세계를 파고들 만한 인도어 실력도 있다. 도대체 류시화 그를 누구라고 불러야 하나? 그러나 그는 상식적인 사람이다. 자신이 작성한 가치 기준에 따라 싫은 일, 불필요한 일은 안하고 남들처럼 아들을 낳아 기르고 서운한 것도 고마운 것도 사실대로 말할 줄 안다. 그는 문단과의 교류가 없지만 대학 동기인 이문재 시인과는 오랜 교분을 나누고 있다. 그는 열거하기 힘들 만큼 많은 스승을 모시고 있으며 한때 춘원이 살았던 고택을 작업실로 쓰고 있다. 밖에서 보면 문제적이고 예외적인 인물인 그가 세상의 시각과 다르게 엄정한 균형 감각을 가진 생활인이라는 것 또한 놀랍다.

그가 소개하는 13세기 아랍 시인 루미의 시는 익히 알고 있었지만 그의 입을 통해서 듣는 그 시는 어쩐지 더욱 감동스럽다. 루미의 시 「봄의 정원으로 오라」는 '이곳에 술과 촛불과 양탄자가 있으니 만약 당신이 오지 않는다면 이것들이 무슨 의미가 있는가. 그리고 만일 당신이 온다면 이것들이 또한 무슨 의미가 있는가'라고 계속된다. 그 시를 찾아낸 류시화의 눈이 깊다. 『지금 알고 있는 걸 그때도 알았더라면』은 번역에 13년이 걸렸고 『하늘 호수로 떠난 여행』은 10년이 걸렸다고 한다. 류시화가 아닌 어떤 시인이 이런 작업을 해낼까? 이런저런 이유로 '외계인'으로 불리기도 한다. 그러나 그는 말한다. 예술가란 그런 비난을 감수하고 출발한 사람이다. 그 사람의 어떤 부분을 보고 말하는가는 말하는 사람의 선택이며 역량이므로 당사자가 따로 마음 쓸 필요는 없단다. 자신의 대표작으로는 「구월의 아침」, 「길 위에서의 생각」 등을 꼽았다. 모든 시집이 똑같은 것이 싫어서 자신의 시집을 자신이 만들게 해달라는 것이 왜 잘못이냐고 묻는다. 그것이 왜 건방지고 일탈인가 묻는다. 대답할 말이 없다. 그는 신문도 안 보고 TV도 안 본다고 한다. 아침 6시 반쯤 집을 나와서 저녁 8시까지 작업실에 머문다고 한다. 작업실을 벗어나 사람을 만나는 것은 일 년에 두세 번쯤이라니 할 말이 없다. 그는 여행길에서 사람들을 만난다고 한다.

'여행길에서 사람들을 만난다'는 것은 일반적인 생활 속에서 사람들을 만난다는 것과 무엇이, 어떻게 다른가? 자신의 가치관에 따라 세상과의 소통을 조절하거나 거부하는 것은 개인의 선택이다. 그러나 사람이란 결국 더불어 사는 사회적 동물이고 주변에 있는 모든 이들은 삶이라는 여행에 동행하는 도반들이다. 그는 여행길에서 만나는 사람들과 어떤 형태의 소통을 가지는가? 그렇게 많은 책을 읽고, 쓰고, 그렇게 여러 언어를 구사하는 사람이라면 주변을 돌아보고 더 많은 이웃과의 교류를 시도해야 옳지 않은가? 왜냐하면 지금은 사유의 폭이 넓은 지식인이 앞장서서 걸어가야 하는 쓸쓸한 시대이기 때문이다. 서두에 적었듯이 만약, 시가 세상을 바꿀 수 있다면 그것은 시를 쓴 시인의 업적인 것이다. 그렇다면 그는 이 혼탁한 세상을 위해 좀 더 친절해야 하지 않을까?

자신의 시 쓰기를 자신 안에 갇혀 있는 새를 내보내는 것이라고 말한다니, 그 새가 파랑새이거나 까마귀이거나 상관없이 우리가 머무는 이 세상을 날아다닐 것이다. 자신의 새가 날아다닐 이 세상을 위해서 이제 세상과 친해져야 한다. 당신을 좋아하는 이웃과 어깨 기대고 '보세요, 저기 저 새가 오늘 아침 내가 날려 보낸 다리 저는 새랍니다.' 하고 웃을 수 있다면 좀 좋은가. 아무튼 기인 이거나 명상가이거나 수도자이거나와 상관없이 그는 시인이다.

누군가를 판단하는 것은 순전히 자신의 가치관에 그 기준을 두는 행위이다. 아무도 누군가의 정신세계를 함부로 평가할 수 없다.

비를 맞고 서 있는 사람은 비를 맞을 만한 사연이 있을 것이고 한여름에 털외투를 입는 사람은 남이 모르는 추위가 있을 것이다. 내가 누군가에게 폄하의 시선을 보낸들 상대가 그것을 알기나 할 것이며 안다고 한들 눈썹이나 움찔하겠나. 나로서는 이해도 흉내도 힘든 삶의 방식은 그의 가치관일 뿐, 그의 시와는 전혀 상관없는 일이다. 놀라울 만큼의 독서량과 범접하기 힘든 실력을 지닌 류시화, 이 글을 끝내고 나면 나는 아무래도 류시화 다시 읽기를 시작할 것 같다.

문학의 탈식민주의란 무엇인가?

인간의 마음을 바꿀 수 있는 것은 종교와 마약뿐이라는 말이 있다. 그러나 그 말은 관점에 따라 바뀔 수 있다. '인간의 마음을 바꿀 수 있는 것은 종교와 마약과 문학뿐이다'라고 하는 것이 맞을 것이다. 이러한 맥락에서 비서구 문학을 도외시하는 서구 문학의 형태를 살펴보면서 문학 속에서조차 저지르고 있는 인종 차별과 인종 우월주의의 맹점을 지적하고자 한다. 또한 이러한 서구문학에 반기를 든 비 서구 문학의 작가들과 작품을 예시로 문화 복합중심주의(poly-cenrtism 로 요약할 수 있는 글로벌리즘(globalism)과 세계화의 흐름 속에서 자신들의 정신과 문화를 지키려는 글로컬리즘에 대하여 생각 해본다. 글로컬리즘은 단순히 민족문화의 범주에 한정시키는 기존의 관점에서 벗어나 세계 여러 지역의 문화의 특성에 관해 고찰하고 가장 이상적인 모델을 발견해야 하는 책임을 지닌다. 탈식민주의와 세계문학을 통해 이러한 문제를 짚어볼 필요가 있다.

서구를 세계의 중심이자 기본 모델로 보는 그들의 우월감은 모든 문화적 타자들을 폭력적으로 제압하고 이러한 타자들에 대한 사회과학 이론을 만들어냄으로써 비서구의 문화적 가치와 차이를 체계적으로 부정하고 비하하려 한다. 서구 문명의 토대가 되는 담론과 유럽 지식의 문화적 헤게모니를 비판하는 것에서 탈식민주의의 논의는 시작된다.

이 글의 텍스트가 된 『검은 피부 하얀 가면』[8]의 작가 프란츠 파농은 탈식민주의 이론의 선구자라고 할 수 있다. 그는 기존의 논의에서 벗어나 식민지에서 지배를 받는 사람들의 정체성에 초점을 맞추어 그들의 정체성 회복의 방안과 실천적 방법론을 제시한 탈식민주의 연구의 뛰어난 학자라고 할 수 있다.

그의 탈식민지 이론은 제3세계를 이해하는 데 사용됨은 물론이거니와 문학 작품의 글쓰기에도 애용되어 이러한 탈식민성을 주제로 하는 많은 작품들이 탄생하고 있다. 여성 작가들을 중심으로 탈식민주의에 입각한 글쓰기는 여성이라는 계급과 유색인이라는 이중의 굴레를 가지고 살아야 하는 제3세계 여성의 삶을 관찰하고 그녀들이 겪어야 하는 정체성의 혼란에 방향을 제시한다. 파농의 작품들은 아프리카 서사의 독특한 서정으로 그의 존재론을 설명하고 있다. 그는 『검은 피부 하얀 가면』을 통해 아프리카/카리브 인의 관점으로 탈식민주의 이론을 구축했다. 그가 작품을 통해 주장한 '세 겹의 존재'는 비서구인을 향한 서구인들의 모멸적 시선을 극명하게 나타낸다.

"엄마, 저기 보세요. 검둥이라고요! 무서워요!" 무섭다니! 무섭다니! 그들은 정말 나를 무서워하고 있었다. (중략) 그 기차에서 나는 내 몸을 특정한 방식으로 인식할 수 있는 경험을 하게 되었다. 그것은 내 몸이 제 3자가 아니라 세 겹으로

---

8) 프란츠 파농, 이석호 역, 인간사랑. 2013. 08. 20.

존재한다는 인식이었다."

위의 책 『검은 피부 하얀 가면』에서 보듯이 세 겹의 존재가 의미하는 존재론이 비서구인의 실존적 조건임을 파악할 수 있다. 또한 파농은 사르트르와의 대립을 통해 자신의 존재론을 역설하며 사르트르의 독법이 지나치게 유럽 중심주의적이라고 결론짓는다. '파농이 갈구하는 새로운 존재론'은 '태평양 전쟁에서 부상을 당해 다리를 저는 한 병사가 내 동포들에게 이렇게 고'한다. '내가 이 의족에 익숙해진 것처럼 자네들도 피부색에 익숙해지길 바라네. 우린 어차피 모두 부상병들이나 마찬가지니까.'

인간이 무엇엔가 익숙해진다는 것은 '그것'에 자주, 오래, 노출된다는 것을 의미한다. 또한 익숙해진다는 것은 감정적이거나 물리적으로 무뎌진다는 말도 된다. 비 서구인들이, 특히 그중에서도 흑인들이 백인들의 지배와 멸시에 굴종하는 삶을 받아들인 것은 문화적 차이도 있겠지만 그들로부터 수 없이 듣고 본 그들의 우월성에 모르는 사이에 젖어들게 되었기 때문일 것이다. 또한 백인들의 현대화를 따라가지 못한 비서구인들의 문명과 문화에도 일정 부분 그 책임이 있다고 하겠다. 파농의 새로운 존재론이 폭력론을 불가피하다고 여기는 것은 이러한 맥락의 주장일 것이다. 그렇다면 서구인들의 인종 우월주의와 맞서기 위해 비서구 문학인들은 어떤 문학적 시도를 했는지 간단히 살펴본다.

J. M. 쿠시의 『Poe』는 다니엘 디포의 『로빈슨 크루소』를 텍스트로 탈식민적 전략을 되받아쓰기한 작품이다. 원작 로빈슨 크루소는 로빈슨 크루소의 용맹함과 대담함을 표현하면서 독자들의 도전 정신에 불을 붙였다. 반

면, 존 쿠시에 의해 되받아 쓰인 『Poe』는 수잔 바턴이라는 새로운 여성 주인공을 통해 로빈슨 크루소, 작가 포 그리고 프라이데이를 여성의 시각으로 바라보면서 제국주의 지배하의 인종 문제와 성별 문제를 탈식민주의 관점에서 재해석한다. 『Poe』에서 존 쿠시는 남성의 시각이 아닌 여성의 시각을 통해 이야기를 전개해 나간다. 이것은 남성 우월주의적 관습의 전복을 시도한 것으로 '우월주의'가 꼭 인종에 국한된 것이 아닌 점을 나타내는 것도 눈여겨볼 대목이다.

이러한 과정을 거치면서 세계는 비서구 문학에 관심을 가지게 되고 세계는 '인종 차별'이라는 무지를 깨닫지 못하는 서구인들에게 인간적 각성을 요구하게 된다.

1990년 초 경영학 마케팅 분야의 전문 용어였던 글로컬리즘(glocalism) 혹은 글로컬라이제이션(glocalization)이 오늘날에는 사회 전 분야에서 쓰이고 있지만 사실 이러한 관점은 이미 1970년대에 그 필요성이 요구되었다고 할 수 있다. 1970년대에 이르러 본격적인 도시화가 진행되면서 농촌을 기반으로 하는 전통문화의 보존이 어렵게 되고 도시를 중심으로 확산되는 세계문화와 전통문화 사이에 점차 갈등이 심화되었기 때문이다. 그러나 지방자치제 실시 이후 중앙집권적 정치체제로부터 지역 주민들의 다양한 욕구가 반영되는 지방화시대가 빠르게 진행되면서 지역문화주의가 굳건하게 자리를 잡기 시작했다. 또한 지방자치제 실시 이후 나타난 가장 큰 변화 중의 하나는 문화예술을 사회경제적 가치와 도시 발전의 중요한 자원으로 간주하기 시작했다는 점이며 지방자치단체들도 그것을 인식하기 시작했다는 점일 것이다.

이러한 변화 속에서 지역문학의 정체성 정립을 논의하자면 국내·외적으로 두 가지 과제와 그 극복이 전제되어야 한다. 그 하나는 소위 민족문학, 그리고 중앙문학과의 상관성 문제다. 주지하다시피 근대 이후 일제 강점기에 지역문학은 근대 국가의 통합 이데올로기 아래 모두가 하나가 되어야 한다는 명분에 압도되어 점차 전통성과 독자성을 상실하고 민족문학의 하위문학, 중앙문학에 종속된 변두리문학으로 간주되었다. 국민문학 혹은 민족문학의 일부분이라는 인식은 지역문학의 정체성을 흐리게 하고 수도권 편중화 현상에 따라 나타나게 된 서울 중심의 중앙문학과 지역문학이라는 이분법은 지역문학을 이류문학 혹은 하류문학으로 차별화하였다.

정치 사회구조의 변화에 따른 이러한 종속화 혹은 하급화 현상 역시 일종의 근대적 억압이라고까지 간주할 수 있는데 문제는 세계화의 진행 역시 중심문화로서의 서구 문화와 주변문화로서의 비서구 문화라는 이분법에서 크게 벗어나 있지 않다는 점에서 동일한 양상을 보인다는 점이다. 예컨대 동양문화는 비합리적이고 열등하며 도덕적으로 타락된 이상한 문화지만 서양문화는 합리적이고 도덕적이며 성숙하고 정상적이라는 인식의 오리엔탈리즘(Orientalism)도 그 한 예가 될 것이다.(손종호, 「글로컬리즘과지역문학의 정체성」)

'우리나라'라는 한정된 국가 안에서도 중앙문단과 지역 문단의 벽이 존재한다고 할 때,'세계'라는 거대한 문학의 세계에서 자신의 정체성을 확립하기 위해서는 인간적 기본권을 존중하고 끝없이 소통을 시도하는 노력이 필요할 것이다. 정치 경제 문화 등 다방면의 노력이 필요하겠지만 '문학'이라는 거대 담론은 인간의 마음을 움직일 수 있는 가장 강력한 도구가 될 것이다.

서두에 적은 것처럼 문학은 인간의 마음을 움직이는 가장 강력한 수단일 것이다. 따라서 서구 문학이 비서구 문학을 폄하하거나 도외시하는 현상을 개탄하는 것에서 그치지 말고 그들의 허구를 파헤치고 지적하는 끝없는 시도가 이루어져야 한다. 민족적 인종적 차별과 맞서기 위해서는 끝없는 자기 성찰과 부단한 소통의 시도가 이루어져야 하며, 문학은 인간을 가장 인간답게 할 수 있는 수단이어야 하며 이러한 노력을 기울이고 있는 비서구 문학을 주목할 필요가 있다.

인간은 스스로를 파괴할 권리가 있는가?
-김영하, 『나는 나를 파괴할 권리가 있다』, 문학동네, 2010.

'나는 나를 파괴할 권리가 있다'라는 말은 프랑스와즈 사강이 마약 혐의로 법정에 섰을 때 한 말이다. 인간은 때때로 자신을 '파괴'하고 싶은 유혹에 시달리지만 대개의 경우 '그렇게 느낄 뿐'이지 거기서 더 나아가지 못한다. 김영하의 소설은 이러한 인간의 무의식 속에 저장된 감정을 파헤치며 죽음에의 욕구가 어떠한 형태로 인간의 내면에 자리하는지 그리고 있다. 허구와 현실의 배치, 빈번한 교차 편집, 다양한 시점 변화 등의 기법으로 포스트 모더니즘적 성격을 나타낸다. 판타지, 컬트, 포르노그라피를 넘나들며 고독과 단절이 일상화된 현대인들의 '죽음에'의 욕망을 포착해 낸 그가 본문에서 밝혔듯이 '건조하고 냉정하게(P.8)' 풀어내는 '나'를 '파괴하는 권리'가 무엇인지, 또한 그것이 '권리'라면 어째서 그럴 수 있는지에 대하여 생각해 본다.

허구와 현실의 병치로서의 '그림'이라 할 수 있는 이 작품은 액자 소설이다. '자살 가이드'라고 불러야 할 작중 화자의 이야기이며 그 안에 걸어둔 액자 속에는 그의 안내를 받아 죽음에 이르는 '고객'들의 그림이 들어 있다.

그림 〈마라의 죽음〉과 〈사르다나팔의 죽음〉을 묘사하는 것으로 시작과 끝을 가르는 이 소설은 살아 있는 인간 존재의 영원한 타자라는 죽음이 화두이다. 죽음 중에서도 주체의 결단이 필요한 죽음, 즉 자살에 관한 소설이다.

작중 화자는 이를 '여행 안내 책자' 읽기를 즐기는 자신의 취향 이야기로 간단히 설명하고 있다. '아무리 멀리 가도 변하지 않는', '너저분한 인생을 연장하느니', '자발적으로 인생을 끝내는 것'이 '아름답다'고 '삶'을 '축약'하는 것이라고 주장한다. 그러나 이 명쾌한 축약과 압축이 그 대상을 정확하고 풍부하게 재현한 것이 아닐 경우 나타날 공포의 상황을 생각해야 한다. 압축의 미학을 말하기 위해서는 압축 자체의 중요성보다는 압축의 방식과 객관성 따위가 말해져야 한다. 화자는 압축과 너저분한 삶 중에서 어떤 쪽을 택할 것인가 강요한다. 압축적인 삶이란 곧 자기 자신을 파괴할 권리라고 한정한다. 현실에서는 만날 수 없는 작중 화자와 그가 불러내는 여타의 인물들 또한 현실에서 만난다면 기겁을 하고 도망칠 군상들이다. 그 기괴한 군상들에게 '삶의 압축'을 자기 스스로를 파괴할 권리로 설정하면서 그러한 인간의 권리를 행사한다는 것은 진정한 인간이라고 외치는 '권리와 죽음이 우리를 찾아오기 전에. 우리가 먼저 그 비밀스런 죽음의 집으로 달려 들어가자'라고 한 셰익스피어의 말을 해설하는 듯 보인다. 인간이 자신의 삶을 압축하는 것을 마치 지고지순의 아름다움처럼 제시하는 것은 자기 정체성 없이 떠도는 현대인의 실존 형식을 설명하려는 시도로 보아도 무방할 것이다.

작가는 소설의 초반부에서 자발적 죽음을 인간의 가장 큰 권리라고 정의하면서 '자발적 죽음의 향연'을 펼쳤지만, 후반부에서는 자발적 죽음이 만연한 현실에의 안타까움을 짚어 인간이 선택할 수 있는 의미 있는 길에 대하여 탐색한다. 작중 화자가 고객들의 죽음을 '미미는 멋지게 갔다. 유디트는 편안하게 갔다'고 말하지만 그녀들의 무의식 안에 감춰진 죽음의 욕망 한쪽에는 타자와의 소통과 조화에의 열망이 있었을지도 모른다. 그러한 인간 본연의 욕망을 꺼내주는 대신 죽음을 안내한 작중 화자가 '아름다운 죽음'이었다고 말하는 것은 타자의 고통과는 상관없는 자신의 허무 의식에 불과하다고 볼 수 있으므로 타자의 실재를 외면한 자기중심적 시선과 냉정함이었다는 결론을 도출한다. 결국, '권리' 속에 나타나는 기괴한 인물들은 소통 부재의 현재를 살아가는 우리들의 자화상이다.

어쩌면 우리는 모두 자살 가이드이다. 타자의 규범에 의해 환상체계 안을 떠돌면서 타자와의 소통을 거부한 채 '자신을 파괴할 권리'에 대하여 아는 체하고 있다. 그러면서도 혼자일 때는 중얼거린다.

"왜 멀리 왔어도 변하는 것이 없을까?"

당신의 환상통은 어떠하신가?
-오태호, 『환상통을 앓다』, 새미, 2012.

어린 시절 잠꼬대가 심한 내가 잠에서 깨어 울고 있으면 할머니는 '헛것을 봤구나' 하시며 냉수를 먹여 주셨다. 어쩌면 삶이란 '헛것'에 홀려 흘러가는 것은 아닐까. 문학이란 결국 이러한 '헛것'을 문자화한 것이라고 여긴다.

오늘 읽은 오태호의 『환상통을 앓다』가 지시하는 것은 이러한 '헛것'과는 좀 다르다. 처음부터 없었던 '헛것'이 아닌, 원래 있었으나 상실된 것들의 실제성 찾기를 다루고 있다. 환상통이 생겨난 까닭과 과정을 따라가며 환상성의 문학 읽기를 친절하고 깊이 있게 다루었다.

이 책에서 다루고 있으나 다른 글에서 비교적 언급 되지 않았던 임철우의 『백년 여관』과 손홍규의 『사람의 신화』 그리고 『폭우로 걸어 들어가다』를 살펴보고 글의 말미에 이 책이 내게 준 의미를 적으려 한다.

임철우의 『백년 여관』은 '그림자의 섬, 영도'가 무대이다. 그림자는 실재하지만 실재하지 않거나, 실재하지 않는데 실재한다. 그러기에 주인공들이 '아직 살아 있으나 실은 벌써 오래전에 죽은 자들'인 것이다. 작가는 작품의 구성에서부터 '환상성'을 시도했을 것이다.

이글이 그림자의 허구를 빌려 삶의 허구적 실재성을 강조했으며 '한국 근현대사의 질곡을 응시하려는' 것이 작가의 의도라고 정의한다. 전후 세대인 나는 이 글에 언급된 전쟁을 직접 겪지는 않았지만 가장 근접한 세대로서 그 아픔의 정도를 어느 정도 이해할 수 있다. 이 글에 등장하는 열한 명의 산 자들은 전쟁을 겪어낸 이 땅의 모든 백성을 대변하는 것이다. 그러나 1980년의 광주항쟁이야말로 가장 처절했던 전쟁이 아니었을까? 환상성을 빌리지 않고는 다룰 수 없는 이 시대의 비극을 주인공 이진우를 통하여 재구성하였다. 역사로부터 받은 정신적 외상을 내면 깊이 각인한 존재들이 모여 허구의 원혼들을 떠나보내려는 것은 자신의 환상 통증을 치료하려는 시도라고 읽힌다. '웃어지지 않는 트라우마'를 가진 자라니! 그 눈물겨운 현장이 신부두 축제로 외면당한다는 사실은 나 혹은 남의 고통스러운 과거를 애써 외면하려는 현대인의 역사의식 부재를 질타하고 있다고 보아야 할 것이다.

손흥규의 『사람의 신화』는 구속과 집행유예를 경험한 젊은 작가의 시선으로 학생 운동 탄압을 빌려 한국사회의 현실적 문제와 구조적 모순을 다루었다. 그의 여러 작품을 거론한 적이 있는 나는 현실의 문제를 예각화한 '그의 환상은 실제적 환상에 가깝'다고 쓰면서 젊은 작가 손흥규가 현재성의 이름으로 호명되기를 고대한다고 호의적인 기대를 내보인다.

문학이 어떻게 인간의 본질을 파악해 낼 것인가에 대한 정답은 없다. 다만 끝없는 시도가 있을 뿐이다. '눈물의 힘'이 작동하여야 사람의 힘이 작동한다는 유니크한 환상성의 작품인 '비인 탄생'은 아이러니하게도 가장 인간적인 비인간을 그리고 있다. 소통 부재의 시대를 살아가는 이 시대의 독자들에게 사회적 약자와 고통받는 소수자에 대한 배려와 이해를 요구하는 작가 정신이 돋보인다. 특별히 '사람이 무서워서' 비인의 모자 속에 살았다는 뱀을 생각하면서 목이 메인다. 나 또한 어딘가로 숨고 싶은 '사람이 무서운' 비인은 아닌지 생각하게 한다.

북한 문학에의 공부가 턱없이 부족한 것을 부끄럽게 생각하면서 홍석중의 『황진이』를 새겨읽는다. 남한에서도 책으로 영화로 여러 번 다루어진 황진이를 보고 듣고 읽었지만 그다지 깊이 있게 기억되는 작품이 없다. 더구나 이 책을 읽기 전까지는 황진이가 실존 인물임에도 그의 낭만적 사랑에 대한 환상만을 기억하고 있었을 뿐이다. 특별히 홍석중의 황진이가 북한 문학임에도 만해 문학상을 수상하였고, 낭만적 접근으로 에로티시즘을 다루며, 자유로운 예술적 영혼의 소유자로 그려졌다는 점이 흥미를 느끼게 한다. 그러나 '현재적 황진이의 관능적 감수성'을 그려낸다면 '부르주아적 감수성, 퇴폐주의 미학'이라는 낙인이 찍힐 것이라는 평을 읽으며 문학작품 속에서도 넘기 어려운 분단의 벽을 실감한다. 희열과 진이의 관계에서 조력자로서의 희열이 부정형 인간으로 형상화되면서 자연스러운 성격 변화를 보여주지 못하여 서사적 개연성을 악화시켰다는 필자의 지적은 사람살이는 언제고 어디고 똑같아서 모자란 인간, 못된 인간이 뒤섞여 사는 것이 자연스러운 것이라는 생각을 다시 하게 된다. 비교적 많은 페이지를 할애한 황진이 편을 다시 한번 꼼꼼히 읽어야겠다.

그 외에 황석영의 『바리데기』는 개인적으로 울며불며 읽었던 작품이었고 교보문고 시멘트벽을 내려치며 자신이 작가임을 증명하려는'수인'의 처절한 고독, 당하는 대로의 기구함을 살아내야 하는, 제목조차 기구한 박상우의 『기구한 운명에 관한 리포트』, 여러 글에서 언급되는 박민규의 『지구영웅전설』 등을 언제 다 찾아 읽나 눈앞이 깜깜하다.

이 책에서 필자가 이야기하려는 실제와 환상의 경계는 어디일까, 또 이 시대의 문학이 앓고 있거나 앓았던 환상통의 통점은 어디인가, 문학 작품 속의 환상통이 나의 그것과 너무도 흡사하여 놀랐던 것은 나만의 경우일까. 이 시대의 수많은 환상통 환자들은 자신의 어디가 절단되었는지도 모르면서 정체불명의 통증에 시달리고 있는지도 모른다. 과연 이 시대의 문학은 그들을 대신하여 아프고, 앓고, 비명을 지르는 대변자 역할을 하고 있는지, 그들의 환상통에 파스 한 장만큼의 치료라도 담당하고 있는지를 생각하는 문학인이 넘쳐나기를 소망한다.

이 책을 통하여 깊이 있는 독서의 방법을 조금이나마 깨우친 것이 개인적인 큰 소득이었음을 적는다. 끝으로 문학을 공부하는 사람으로서 기억해 두고 싶었던 문장을 옮겨 적는다.

-문학은 지극히 1인칭적일 수 있지만 그 1인칭이 1인칭의 영토 내부만을 가시화하는 것에만 그치는 것이 아니라 더 많은 1인칭과 만나 2인칭, 3인칭의 집합적 공감을 확장하는 것이 유효한 환상통의 전략이자 기술이라고 판단했기 때문이다.(「머리말」 중에서)

-밤하늘의 별을 보고 길을 떠날 수 있었던 시대는 얼마나 아름다웠는지, 지도가 사라진 시대에서 새로이 지도를 만들어 가면 된다. 그것이 2000년대 문학에게 주어진 몫이다.

부탁할 수 있어서 다행이야
-신경숙, 『엄마를 부탁해』, 창비, 2008, 11.

신경숙 소설의 미덕은 쉽게 읽힌다는 것이다. 일반 독자가 책/ 작가를 선택하는 기준은 우선 '쉽게' 읽혀야 한다. 이 글에서는 지극히 개인적인 독자의 시각으로 읽은 그의 작품에 대하여 살펴보기로 한다.

그의 글은 섬세하다. 잘 짠 명주 필처럼 촘촘하다. 그런데 독자는 그렇게 정교한 문장과 얼개를 느끼기 전에 스토리 전개에 빠져든다. 왜냐하면, 그것이 바로 '나'의 일을 기록한 것 같기 때문이다. 그런 형식으로 그의 소설이 일기와 같다는 평을 듣기도 한다. 또한 실제로 그런 느낌을 받은 독자들도 많을 것이다. 텍스트 '엄마를 부탁해'는 새삼 소개가 필요 없는 그의 대표작이 되었다. 아주 오래전에 이 책을 읽었는데 그때 눈물바람을 했던 기억이 있다. 이제 내가 이 책의 '엄마'만큼 늙은 나이에 다시 이 책을 깊게 읽는다. '딸'이었던 내가 읽었고 '엄마'인 내가 읽는 것이다. 여성 특유의 섬세함으로 독자를 사로잡는 텍스트에는 '너'라는 화자를 전면에 내세운다. '딸'이라고 모두 화자처럼 엄마의 속내를 헤아리거나 기억하지 못한다. 화자는 엄마가 없는 상황에서 엄마의 일상을 기억해 낸다. 엄마의 현실과 그 현실 속에 담겨 있던 엄마의 내면까지를 자세히 살핀다. 이쯤에서 '딸'이었던 '나'를 불러낸다. 과연 나는 '내 엄마'의 무엇을 알고 있을까/ 있었을까? 가령 내가 엄마의 이야기를 쓴다면 얼마나 자세히 쓸 수 있을까 생각해 본다. 신경숙의 소설은 치밀하되 답답하지 않고 비극인데 슬프지 않다. 현실을 부풀리거나 비틀거나 독자를 끌고 가려는 억지가 없어서이다. 뒤에서 다시 언급하겠지만 신경숙 특유의 서정적 문체 또한 그의 장점 중의 하나이다.

엄마란, 아픈 곳이 없고, 모르는 것이 없고, 안된다는 말을 몰라야 한다. 엄마는 부르면 금방 대답할 수 있는 거리에 있다가 달려와야 한다. 따뜻한 밥상을 내밀면서 쭈뼛거리고 언제나 배가 부른, 이상한 종족이다. 자식을 여럿 둔 엄마일수록 이상 증세가 심하다. 텍스트의 엄마 또한 그 증세가 심한 경우라고 하겠다. 어쩌자고 시골 장마당의 양말을 잔뜩 사서 쟁여두고 자식들은 이름도 외우지 못할 갖가지 건강식품들을 만드나? 화자인 '너'는 오빠들의 편지를 읽어주고 답장을 대필하면서도 엄마의 문맹을 의심하지 않았다. 왜? '엄마'니까. 그런데 그 엄마가 사라졌다. 지하철역에서 사라진 엄마를 '잃어버린 것'일까? '잊어버린 것'일까라는 질문을 하는 독자도 있지만 아니다. 다만 잊고 있었던 것뿐이다. 그게 뭐 잘못인가? 자식이 '너'만 있는 것도 아닌데. 그래도 너는 기억한다. '엄마를 헛간에 내버리고 간 듯'하던 의식의 순간이 있었다. 왜 아니겠는가, 대부분의 엄마들은 혼자다. 만약 남성 작가가 '엄마'의 이야기를 쓴다면 어떨까? '이야기' 이외에 엄마를 그릴 수 있을까?(그것은 여성 작가가 아버지를 쓸 때와는 다른 맥락일 것이다.)

'너'는 화자 뒤에 숨은 작가 자신이다. 그런데 화자 뒤의 '너'만이 아닌 또 한명의 '너'가 보인다. '엄마'라는 '너'이다. 작가는 너이고 엄마이고 무엇보다 여자이다. 모성이라는 본능을 동성이 아니라면 이처럼 정교하게 그릴 수 없다. 그러나 어머니의 실종과 그로 인한 부재의 그림을 그리고 있다면 소설로서의 존재 이유가 없을 것이다. 신경숙의 여러 글들이 자전적이라는 평을 받고 있지만 그것이 소설이라는 형식으로 세상에 태어나면서는 픽션과 논픽션이 혼합된 것이다. 작가와 작품의 현상 관계란, 독자가 굳이 그 실체를 밝히려 할 필요가 없다. 자신이 경험했거나 구경했거나 상상하지 않은 이야기를 어떻게 쓸 수 있단 말인가. 그런 의미에서 신경숙은 뛰어난 이야기꾼임에 틀림없다.

이 텍스트에 나타난 가족 구성원들은 모두 잘살고 있다. 어디서나 만날 수 있는 평범한 사람들이다. 신경숙은 이처럼 일상적인 소시민들의 풍경 속에서 끄집어낸 삶의 현장을 페미니즘적 시각으로 그려낸다. 그가 그려내는 여성들은 독자가 쉽게 공감할 수 있는 분위기와 특징을 지니고 있다. 그가/ 그의 주인공들이 가부장적 사회구조에 반기를 드는 것은 어쩌면 지극히 자연스러운 일일 수도 있다. 또한 그의 소설에서는 시골이거나 농촌으로 표현되는 고향을 떠난 여성들이 도시의 문명과 부딪치는 이질성이 자주 나타난다. 이것은 자연과 문명의 충돌이라는 의도적인 장치인 셈이다.

그의 소설에 나타난 타자로서의 이면에는 여성으로서의 경험이 반영되어 있는데 그 경험에는 남성 중심적인 세계의 원칙을 따르는 동시에 반역을 꾀하는 이중전략을 사용한 것이다. 이는 여성 작가로서의 자연스러움이라고 생각된다. 엄마의 실종으로 나타나는 부재성 또한 신경숙 소설의 특징에 속하는데 신경숙은 슬픔을 슬픔의 자리에서 미학으로 끌어올리는 놀라운 재주가 있다. 엄마의 실종을 두고 갑론을박하는 자녀들이 밉거나 괘씸해 보이지 않고 그럴 수밖에 없었다고 어처구니없는 이해를 하게 되는 것은 인간적 안타까움과 자신의 내면에 남아 있다고 믿고 싶은 순수성에 기초한다고 볼 수 있다. 지금 여기 없기에 그 소중함을 절실하게 깨닫게 되는 것들은 얼마든지 많다. 우리가 잊고 사는 소중한 것들의 가치를 실종된 엄마의 자리를 바라보면서 깨닫게 되는 독자들은 사랑의 부재가 자신의 삶에 얼마나 큰 영향을 미치는지 다시 생각하게 될 것이다.

'신경숙 소설의 문체가 갖는 미학적 특징'을 살펴본다면 그는 사회적이거나 역사적인 거대한 담론을 이야기하기보다는 고향, 가족, 엄마, 이웃 같은 감성적 주제를 다룬다. 언제 어디서나 만날 수 있는 주변의 풍경들과 그 내면을 섬세하게 어루만지는 문체는 독자와의 소통을 염두에 둔 그만의 전략적 글쓰기일 것이다. 독자는 그러한 전략에 빠져들어 마치 자신의 이야기를 대신해주는 사람과 만난 듯 그의 감성에 전염되면서 자신의 순수를 확인하고 싶어지는 것이다. 그러한 신경숙의 '서정적 문체'가 독자들의 마음을 이완시키기에 충분하다는 평이 있는 반면 비평가들은 그의 문체가 '시적인' 것이 아니라 '감성적'일 뿐이라고 한다. 그러나 소설을/ 소설적 문체를 독자가 그렇게 깊이까지 들여다볼 필요는 없다고 생각한다.

신경숙이라는 작가를 만나서 자신의 정체성을 이야기하는'엄마'와 누가 누구에게 부탁해야 할지 모르는, 그러나 뼈가 저리도록 소중한 '엄마를 부탁'하는 가족들의 정신적 혼란을 통해서 우리가 요구하는 모성 본능 회귀의 현상이 이 사회를 얼마쯤이라도 따뜻하게 덥혀줄 수 있다면 신경숙은 작가로서의 위치에 충실했다고 평해도 좋을 것이다.

김애란의 달려라 아비 읽기

그때 윗도리만 입은 채 방안에서 버둥거리던 어머니는 잡을 손이 없어 가위를 쥐었다. (중략) 어머니는 가위로 자기 숨을 끊는 대신 내 탯줄을 잘라주었다.(pp.8~9)

사람이 사람을 만들어내는 일이란 이토록 처절하다. 아마도 '나'는 어머니가 몇 번이고 곱씹어 얘기하는 출산 당시를 들었을 것이다. 탯줄을 자를 가위로 방바닥을 찍으며 어머니는 무슨 생각을 했을까? 그렇게 태어난 '나'는 그 얘기를 들으며 무슨 생각이 들었을까? 어째서 소설은 모두 '내' 이야기를 엿보고 써 놓았을까? 『달려라 아비』의 아버지처럼 자취도 없이 사라진 건 아니지만, 나의 아버지 또한 자신의 삶 속을 무한정 달리느라 자식 같은 건 꿈속에서도 만나주지 않았다. 내가 소설 속 '나'처럼 상상 속의 현실을 만들 수 있었다면 아버지의 부재를 견디느라 애쓰지 않았어도 좋았을 것이다.

『달려라 아비』는 명랑한 문장과 발칙한 상상으로 즐겁게 읽힌다. 그러나 '나'는 한없이 가엾고 쓸쓸하고 어쩌면 슬프기까지 하다. '항상 그 다음에 오는 사람'(p.11)을 기다린다는 것은 십 년쯤 비가 올 것 같지 않은 햇볕 짱짱한 하늘을 바라보면서 '빗줄기는 언제 당도하지' 하는 사람처럼 가엾은 사람이다. '나'는 아버지를 미안해서 못 오는 사람으로 만든다. 그 아버지는 끝없이 달리고 있으므로 언젠가는 '나'와 어머니 앞에 당도할 것이라는 바람이 마음의 밑바닥에 깔려 있다. 세상에서 가장 나쁜 사람은, 나쁘면서 불쌍하기까지 한 사람이라는 '나'의 생각에 동의한다. 나쁘면서 불쌍하기까지 하면 그를 마음껏 미워할 수가 없다. 피임약을 사기 위해 달동네를 뛰었던 아버지, 결국 아버지는 자기 자신을 위해 뛰는 사람이었다. 만삭의 어머니를 두고 도망친 날도 자신을 위해 그렇게 뛰어갔을 것이다. '나'는 그런 아버지의 비열한 부재를 어떻게라도 견뎌보려고 지금 여기 없는 아버지에게 야광 반바지를 입히고 허리를 꼿꼿이 세워주고 쉬지 않고 달리게 만든다. 택시 기사를 하면서 '나'를 키우는 어머니에 대한 연민 또한 '나'는 감당해야 한다. 어머니와 딸이 나눌 수 없을 만큼 야한 농담을 어색하지 않게 받아낼 줄 아는 것도 그런 연민에서 비롯된 대화법일 것이다. 늦은 밤 돌아온 어머니가 발로 툭툭 차면서 '자냐'하고 딸의 잠을 깨우는 것은 외로워서이다. 그런 어머니를 '나'는 잘 안다. 그래서 깊은 잠을 깨우는 어머니를 향해 아무런 짜증도 없이 그저 끙, 이불을 당기며 돌아눕기도 하는 것이다. 남자 없이 애를 낳고 염장을 지르는 딸이 미워서 '나'를 본 척도 하지 않던 외할아버지의 가슴속에 어머니는 못처럼 박혀 있는 통증이었으리라. 입으로는 욕을 하고 흉을 쏟아내지만 그 또한 아비이다. 죽음의 목전에 화해를 청하는 외할아버지를 '나'는 어머니를 가장 잘 아는 '나' 이외의 유일한 사람으로 여기는 까닭이다. '나'의 상상처럼 어머니는 아버지를 찾을 수 있을지도 모른다는 생각으로 택시 기사가 되었을 수도 있다. 아니라면 어머니 역시 어딘가로 끝없이 달려가고 싶었을 것이다. 어디로 가야 할지 모르는 채 달려야 하는 사람이 꼭 슬프다고는 할 수 없다. 어차피 골인 지점도 시기도 모르고 달리는 멍청한 족속이 사람이니까. 누구는 마음으로 달리고 누구는 몸으로 달리고 누구는 착각 속에서 달리고, 달리고 달리다가 어느 한순간 푹 고꾸라져 다시는 일어날 수 없는 미련한 족속이니까. 그걸 또 운명이라는, 운명적이라는 그럴듯한 포장으로 싸매는 것이 인간이다. 때때로 미련하거나 가증스럽거나 거짓말에 능한 인간들 중에 이 글을 쓰고 있는 '나'도 있다.

그런데, 돌아온다는 것은 또 무엇을 의미하는가? 제멋대로 뛰어가서 '나'나 어머니와 상관없는 삶을 살다가 죽어 부고로 돌아온 아버지. 그런 아버지의 부고 앞에서 세상에서 가장 어두운 얼굴이 되는 어머니를, 저 속절 없는 기다림을 어떻게 위로할 수 있을까? 아무리 생각해도 만화 속처럼 유니크하게 아버지의 죽음을 그려낸 '나'는 결국 어머니에게, 매 맞은 강아지 같은 어머니에게 거짓말을 한다. 아버지는 평생 미안해하며 살았다고, (그러니까 잊지 않고 살았던 거라고) 그걸 믿는 어머니는 택시 할증 요금이 풀릴 때까지 술을 마시고 들어와 썩은 나무토막처럼 쓰러진다. 정작 썩은 것은 자신의 삶이고 몸이고 세월인데 어머니는 묻는다. '잘 썩고 있을까?' 나는 아마도 소리치고 싶었을 것이다. '썩거나 말거나 무슨 소용이야, 잘 먹고 잘 살았대. 여자도 있었고 자식도 있다는데. 벌 받았지 교통사고래'

그러나 '나'는 이제 아버지를 쉬게 하려고 한다. 그동안 달렸던 그 먼 여정을 다시 살펴보면서 바람이 잘 통하는 셔츠를 입히기로 한다. 한 번도 생각하지 못했던 선글라스를 씌워 드리기로 한다. 아버지도 이제 쉬셔야 한다고 생각한다.(어쩌면 '도망자'였던 아버지도 힘들었을 것이라는 쓸데없는 생각이 든다.)

'나'는 아버지에게 평생토록 달려야 하는 '벌'을 요구했다. 그것은 '나'와 어머니를 두고 도망간 책임을 묻는 행위였다. '나'는 슬퍼하지도 않고 외로워하지도 않고 씩씩하게 자랐다. 그리고 살았다. 그래야 어머니가 덜 고단할 테니까. 아버지가 없어도 살아가는데 별 어려움이 없다는 것을 보여줘야 아버지는 돌아오지 못할 것이라고 믿었던 것이다. 어머니는 택시를 몰면서 쉬지 않고 아버지를 향해 달려갔을지도 모르지만 '나'는 아버지를 달리게 하고 깔깔 웃으며 앉아 있었다. 밥 먹고 코 풀고 넘어져 무릎을 깨고 하면서도 아버지를 달리라고 했다.

결국, 부고 속에서 돌아왔지만 '나'의 생각대로 한 평생 잘 달린 것 같으니 늘 눈이 부시고 아팠을 아버지께 선글라스를 씌워 드리기로 한다. 이제 '나'는 썬그라스를 쥐고도 남을 만큼 손바닥이 넓다. 달리는 날보다 정비공장에 누워 있는 날이 더 많은 어머니의 택시를 팔아 치우고 김밥집이나 차리자고 해볼까 궁리한다.

오독과 편견

시는 이 땅에 인간이 있고부터 비롯된 주관적 의식 반응이라고 볼 수 있다. 인간이 자신의 내부에서 일어나는 다양한 표현의 욕구를 구체화 시키는 문학 장르 중 하나인 서정시는 세계와 자아의 동일화, 즉 자아와 세계의 일체감을 바탕으로 한다. 서정시를 공부하는지 오래되었으나 여전히 스스로의 내부가 캄캄한 '나'를 다시 읽어본다.

원래 나라고 하는 존재는 나이면서 우주적 연관 속성에 있는 돌이나 꽃이나 물일 수도 있다. 이는 통시적으로 볼 때 우주 진화의 집적물인 나이고, 공시적으로는 우주적 연속성 속에 있는 타자와 나 사이의 존재이다. 시는 근본적 세계의 동일성을 추구하는 작업이며 대상과 일체감의 세계를 느끼는 것으로 논리 이전의 비논리로 삶을 설명하고 이해하게 한다. 그러므로 시가 설명할 수 없는 세계를 설명하고 있어도 이해할 수 있고 마음에 닿을 수 있는 것이다. 이를 자아와 세계의 동일성, 미적 체험이라고 한다.

아래의 인용시가 이러한 자아와 세계의 동일화 이해를 도울 수 있을지 모르겠다.

겨울 빈 밭에 서 있는 옥수숫대를 본다

죽음을 걷어낸다는 건 뜻밖에 사소한 일이어서
밥 속의 머리카락을 집어내거나
마른 풀 섶에 불을 지르거나
보이지 않는 너를 꺼내 버리는 일까지
마음 하나로 비롯되는 것이다

저 옥수숫대의 두 번째 마디에 푸석거리는
흙에 들지 못한 뿌리들
저것들, 허공에 헛발 디디며 없는 길을 찾던
그 여름을 기억하듯 이파리 서걱인다
지금은 어느 집 추녀 밑 종자로나 매달렸을
몇 자루의 옥수수가
제 목숨의 전부였다는 것을
그것이 제게서 덜어낸 살점의 전부였다는 것을
알지 못한다
그러기에
제 몸에 다시 푸른 살이 돋고
이파리 너울거릴 줄 믿으며
허옇게 버석이는 뿌리들
한사코 언 땅을 향해 보는 것이다

봄이면 싹이 돋는 푸른 것들의 무리 속으로

슬며시 맨발 디밀어 보는 것이다

-박미라 「겨울 옥수숫대」 전문

서정적 자아란 '주관과 객관, 이성과 감성의 구분이 일어나지 않는 상태이고, 세계와의 접촉 없이도 존재하는 자아로 해명된다.(-홍용희)'고 할 때, 시 속에서 시인이 아닌 또 다른 자아의 목소리가 들리는 것이다. 그 주인공은 대상과 치열한 대립 관계를 갖기도 하고 분열과 갈등을 느끼기도 하며 한없는 연민으로 아파하기도 한다. 이는 모두가 시인이 내세운 대리인이며 이러한 특정한 인물의 장치는 고백이나 반성적인 성격의 글일 때 주제를 효과적으로 전달할 수 있다. 또한, 시인이 객관적인 태도로 시를 쓰는 경우에는 시의 소재에 대하여 관조적 성격을 띠게 된다. 서정적 자아를 나타냈다고 생각하는 아랫글을 다시 살핀다.

1
썰물 뒤에 드러난 공룡 발자국 화석을 본다
금방 진창을 밟고 지나간 듯 물기 남아 있다
바다를 통째로 밀고 다니는 손으로도 지우지 못하는 당당한 흔적이다
눈앞에 선명한 물증을 보면서도
바다로부터 왔는지 바다로 갔는지 짐작조차 할 수 없다
이 발자국은 또 다른 발자국을 찾아가기 위한
하나의 기호는 아닐지

2
한 걸음 한 걸음 바위가 될 때까지 헤아릴 수 없이 많은 생이 지나갔다 발바

닥을 타고 번지는 습기에 뼛속까지 젖으며 그대로 주저앉아 흙이되자흙이되자 흐느낄 때마다 급하게 달려와 곁을 지키는 산맥과 누대의 자손을 보내어 안부를 묻는 풀과 나무, 새와 바람, 무심히 스쳤거나 존재조차 몰랐던 온갖 냄새들.

나는 그것들의 이름을 적어두기 위하여 백악기의 책력을 만든다 스스로의 살점을 천천히 저민다 누군가 강제로 수습해간 나의 유골은 사실은 책력을 묶었던 질긴 끈이다. (중략)

나는 발자국을 벗고
맨 처음 밟았던 젖은 흙으로 홀연히 돌아갈 것이다
끊임없이 별자리를 외우며 걸어온 방향을 바라본다

-박미라 「백악기를 읽다」

백악기의 책력을 만드는 것은 시인 자신이다. 시인이 '발자국을 벗고 맨 처음 밟았던 흙으로 홀연히 돌아가겠'다는 것은 자신이 기록한 책력의 행간을 읽어 줄 독자를 만난 후라는 전제가 있다. 이렇게 시인의 비밀을 알아보는 독자와의 지음을 꿈꾸며 시인은 자신의 내면적 세계를 기록하는 것이다. 자아와 세계의 동일성 추구의 방식은 동화와 투사 두 가지로 나뉜다. 먼저 세계를 시인의 내부로 끌어들여서 내적 인격화하는 동화의 방식이 있다. 이는 욕망 가치관 등 갈등을 겪고 있는 내면세계가 상상 속에서는 세계의 자아와 동일성을 느끼는 것을 말한다. 투사란 자신을 상상적 세계에 둠으로서 감정이입에 의한 자아와 세계의 일체감을 이루도록 하는 것이다.

이른 봄날 저녁에 진눈깨비 퍼붓는다

진눈깨비라는 말, 가여워라

눈도 아니고 비도 아니라는 말

눈도 있고 비도 있다는 말

겨울에도 봄에도 닿지 못하고 질금질금 울면서 떠도는

이미 다녀왔거나 다시 돌아가고 싶지 않다는 말

나중에 죽어서 다시 태어난다면 나는 진눈깨비로 태어나야 겠다

흘러갈 수도 있고 쌓일 수도 있고

익명의 시간을 넉넉히 즐길 수도 있는

진눈깨비로 꼭 태어나야 겠다

빗소리보다 깊은 적막 위에 다음 생의 희망을 적고 있는데

누가 다녀가는 것일까

문밖에서 헌 신발짝 끄는 소리

-박미라「부음」전문

인간의 죽음은 늘 뜻밖이다. 하필이면 진눈깨비 퍼붓는 저녁에 뜻밖의 부음을 접한 시인의 생각이 '눈도 아니고 비도 아닌' 진눈깨비에 머물면서 삶이란 결국 '죽는 것도 아니고 산 것도 아닌' 허무에 다름 아니라고 생각한다. 목숨이란 저렇게 '흘러갈 수도 있고 쌓일 수도 있는' 익명의 시간에 다

름 아니라고 자아와 죽음의 세계에 동일화되는 것이다.

한편, 투사란 자신을 상상적으로 세계에 투사하여 감정이입에 의한 자아와 세계의 일체감을 이루도록 하는 것이다.

우레 같은 숨소리를 다스리는 데 백 년이 걸리고
눈과 귀를 버리는데 천 년이 걸렸다
버리고 지운 것이 그뿐이 아니어서
겉과 속이 똑같이 살점도 가죽도 뼈도 아닌데

나는 어느 강물의 종족이었는지

선명히 남아 있는 실핏줄 아니어도
강물 한 줄기를 잘라낸 몸의 기억이 환하다
생각 깊어지는 한밤중이면
달빛 아래에서 출렁일 줄도 알고
한 마리 나비의 기척에도 살갗 파르르 떨린다
살점 어딘가에 깊숙이 숨은 채
마른 물줄기를 후벼 파는 기억 하나 있지만
오래된 것들은 닮아 가는지
통증도 이제는 견딜만하다
(중략)
또다시, 천 년을 작정하고 禪定에 든다

- 박미라 「고인돌」 부분

청동기 시대의 역사를 증명하고 있는 고인돌을 보며 자신의 기원을 생각해 본다. 시인은 단독자로서의 개인이 아닌 우주적 자아의 동일성을 느끼면서 스스로 고인돌화하는 것이다. 역사와 시간을 증명하고 있는 고인돌에 자신을 투사함으로써 고인돌과 자아와의 동일성을 설명하고 있다.

'한 편의 시는 한 편의 소설보다 길다'는 말처럼 시 속에는 독자의 상상보다 훨씬 길고 긴 이야기가 들어있다. 정현종 시인의 시 「섬」을 예로 들 수 있겠는데 '사람들 사이에 섬이 있다/ 그 섬에 가고 싶다'가 전문인 이 시는 단 두 행으로 이루어져 있지만 그 속에는 단절된 일상을 살아가는 현대인의 모습이 절절하게 담겨 있다. 이처럼 부분으로 전체를 설명할 수 있는 것이 시에서의 순간의 압축성이라고 설명되며 이로써 시는 결정적 순간 속에서 태어난다는 것을 설명할 수 있다. 이러한 서정시의 한순간을 강렬하고 집약된 자아를 표현하는 충만한 현재로 볼 수 있겠다. 시인의 의식적이거나 무의식적인 기억 가운데서 동시적으로 존재하는 체험들을 선택, 결합하여 하나의 유의적 패턴의 새로운 통일체로 변용, 창조한다는 것은 지속적 자아 감각을 개인적 독특성으로 압축 표현한다는 것이다.

헤겔의 경우 서정을 집중으로, 서사를 확장으로 보았으며 산문이'축적의 원리에 의한' 설명이라면 시는 '압축의 원리'에 의한 암시성을 그 본질로 한다고 정의했다. 아래의 인용 시 역시 두 행으로 이루어졌지만 치열했던 습작의 시간을 확실하게 설명하고 있다고 본다.

내 삶의 한 시절
너는 나를 담는 그릇이었다

-박미라 「시」

-이 글의 인용시는 필자의 자작시임을 밝혀 둠.

엄마라는 인류!
–박형준, 『물 속까지 잎사귀가 피었다』, 창비, 2002.

한달에 한번 시골에서 올라와
밀린 빨래와 밥을 해주고
시골 밭 뒤 공동묘지 앞에 서 있는 아그배나무처럼
울고 있는 여인

(중략)

모로 누운 서른셋 아들의 머리를 바로 뉘어주고
한 시간 일찍 서울역에 나가 기차를 기다린다

해가 중천에 떠오른 그 시각
밭 갈 줄 모르는 아들의 머리맡에
놓인 언문 편지 한 장.

"어머니가 너잠자는데 깨수업서 그양 간다 밥잘먹어라 건강이 솟아내고 힘이 잇다"

-「바닥에 어머니가 주무신다」 부분

세상의 모든 어머니들은 왜 팔십에도 구십에도 자식들 밥을 해주려는 것인가. 빨래를 해줘야 한다고 우기는가, 세상의 모든 자식들은 또 왜 그 밥을 달게 먹는가, 당연하게 먹는가, 입는가.

맨 처음 이 시를 읽었던 느낌은 어머니를 향한 애절함이었으리라. 그러나 지금은 나 자신 '무릎이 뻑뻑해'진 어머니이다. 이제 생각한다. 무릎을 드나드는 바람의 길이 어디로 향하고 있는지 짐작하게 되는 날이면 나의 '어린 것'들도 이 시를 몇 번이고 읽게 되리라. 그때도 지금도 나보다 훨씬 젊은(?) 나이의 시인이 그려낸 모성의 본질을 만나면서 나이가 인간을 철들게 한다는 말의 부질없음을 절감한다.

의자에 다 타버린
연탄이 놓여있는 줄 알았다.
골목에 쌓인 상자처럼 무뚝뚝하다.
문 닫힌 연탄가게 앞을 지날 때면
주름살에 가린 쑥 들어간 눈
언제나 거리의 사람들을 쫓는 늙은 여인
왼쪽 다리를 의자에 올린 채 앉아 있다.
늙은 여인이 의자에 앉아 사람을 쬔다.
아침의 부신 빛에 다 타버린 연탄
하얗게 허물어져 내린다.

-「11월」 전문

'의자에 앉아 사람을 쬔다'는 행의 깊이가 가슴 바닥을 후빈다. 가장 뜨거운 '불'을 팔면서 자신은 이미 하얗게 타버린 연탄재 같은 여인, 가엾다거나 처량하다거나 쓸쓸하다는 어떤 언급도 없이 세상에서 가장 무료하게 앉아서 자신이 타오르던 시절을 곰곰이 생각하고 있을 한 여인의 생애를 다 이야기하고 있다. 이미 '다 타버린 연탄'인, 저 여인의 모습에 자꾸만 낯익은 모습이 겹친다.

'시란 감정의 단순한 표현이 아니라 시적 대상물의 이면에 숨겨진 가치를 감지하여 표현하는 예술이다. 그러므로 시에는 푸념이나 혼잣소리가 끼어들 틈이 없다. 막연한 느낌을 그대로 적는 것이 아니고 구체적이고 경험적인 사실을 시인의 감흥으로 재구성하는 것이다'(오규원, 『현대시작법』, p.28, 「감정의 노출과 감정의 억제」)를 떠올린다.

「물속까지 잎사귀가 피어 있다」(이하 텍스트로 표시)를 읽으면서 예시글에서 제시하는 '푸념이나 혼잣소리가 끼어들 틈'에 대하여 다시 생각하게 된다. 이 텍스트는 2002년에 출간된 책이다. 이미 어마어마한(?) 시간이 흘렀다. 그동안 박형준 시인의 시 세계에도 많은 변화와 괄목할 만한 발전이 있었을 것이다. 그러나 작성자가 굳이 이 텍스트를 선택한 것은 그의 초기 시에서 나타나는 정서적 울림에 크게 동의했던 기억과 시인의 초기 시 세계에 나타나던 시적 특징과 기법을 살피고 독자로서의 시선 변화에 대한 고찰을 위해서이다.

그는 '어머니'라는 설화의 보고를 가졌다. 위에서 감상한 작품을 두고 보더라도 그에게 어머니는 살아 있는 신이다. 언문 경전을 가르치는 그만의 ' 유일신'이다. '시'는 사람의 마음을 움직일 수 있다. 철학과 종교가 왜 마음을 움직여야 하는지 설명하고 설득한다면 시는 '스스로 그러하게(움직이게)'한다. 텍스트에 자주 등장하는 '어머니'라는 그의 '설화적 사실'을 읽고 있으면 세상의 모든 어머니가 왜 '그립고 위대한' 존재인가를 다시 생각하게 된다. 그만하면 시가 사람의 마음을 바꾸게 한다고 우겨도 될 것이다.

박형준 시인이 즐겨 사용하는 시적 언어를 살펴본다. 친근하고 편안하다. 그렇다면 그토록 '편안하고 친근한' 언어가 어떻게 '시적 언어'로 변용되는가? 그것은 모든 존재를 자세히 보고 깊이 생각하고 적절한 메타포를 불러올 수 있는 시적 감성이 뛰어나기 때문일 것이다. 가령 '개 한 마리/ 감나무에 묶여/ 하늘을 본다(「빈집」, p.12)라고 했을 때 독자는 그 속에 담겨진 무수한 이미지를 떠올릴 수 있다. 만약 이 시를 여기서 끝낸다고 해도 독자는 충분히 '빈집' 의 풍경을 알아들을 것이다. 개가 묶여 있는 것으로 미루어 사람이 살고 있을 것이라고 짐작하지만, 제목이 '빈집'인 걸 보면 저 개는 혼자인 것이다. 어쩌면 주인은 피치 못할 사정으로 저 개를 두고 가면서 이웃에게 간곡히 부탁했을지도 모른다. 울면서 울면서 간 건 아닐지, 안다고 나도 다 안다고 개는 개 대로 컹컹컹 짖어댄 건 아닐지, 이 시를 좀 더 읽어보면 주인이 두고 간 신발들을 바라보며 겨울밤을 넘기는 개의 잔영에 울컥 눈물이 솟는다. 이별이란 언제 어디서 어떤 형태로도 아프고 쓰리다. 그러나 이 시의 어디에도 이별 따위의 말은 없다. 그냥, '앞발로 땅을 파며 김칫독처럼' 우는 개의 등, 그 위에 '남은 몇 개의 이파리'를 적었다. 세상에! 김칫독처럼 우는 개라니! 그렇다. 어떤 말을 어떤 상황에서 제자리에 앉히느냐에 따라서 '일상적 언어'와 '시적 언어'로 나뉘게 되는 것이다. 박형준 시인의 시적언어가 특별할 것도 없으면서 특별하게 읽히는 것은 시인이 말하고자 하는 내적 이미지를 분명하게 나타내고 있기 때문이다.

그가 '평범한 언어'를 '비범'하게 쓰고 있다는 것을 제목을 살펴보면 좀 더 확실하게 알 수 있다. 제목이란 사람의 이름과 같은 것이어서 누구라도 많은 고심을 하게 된다.(그렇지 않다고 말하는 시인이 있다면, 그럴 수도 있겠다고 부러워하면 된다.) 텍스트에서 살펴보는 제목들은 우리가 일상적으로 나누는 이야기에서 자주 들었을 법한 말들이다. 「차에 치여 죽은 개 한 마리」(p.111)라는 제목을 보자. 많은 시인들이 이 주제로 시를 썼다. 시인에 따라 여러 제목을 쓸 수 있지만 아마도 이렇게 친절한(?) 설명을 제목으로 하기는 망설일 것이다.(작성자는 '로드킬'이라는 제목을 썼다. 얼마나 뻔한가!) 「겨울 아침」(p.103)이 그렇고 「여행」(p.90)이나 「저녁노을」(p.80)이 그렇고 그 외에도 여러 편이 그렇다. 그런데 그렇게 평범한 제목의 시를 읽어보면 너무도 마땅한 제목이라는 데에 또 한 번 놀라게 된다. 시를 잘 써야겠다는 생각으로 좀 더 멋있는(?) 제목에 대하여 고심하고 낯선 단어를 찾아내고 정도 이상의 비틀기를 시도하는 것이 얼마나 부질없고 어리석은 시도인가를 깨닫게 된다. 그렇다면 텍스트에서 보이는 시적 대상은 어떠한가? 즉, 박형준 시인이 시적 상관물에 접근하는 방식이라고 할 수도 있고 그가 선택하는 오브제(objet)에 관한 이해라고도 할 수 있다.

텍스트에 실린 대부분의 시적 대상들은 지극히 일상적인 사물이거나 기억 또는 아주 사소하게 보이는 감정의 무늬들이다. 그가 보여준 기억 속에는 '능구렁이 울음소리'(p.20) 같은 오래고 낡은 이야기가 있는데, 능구렁이를 몰라도 상관없이 공감할 수 있는 풍경을 그리고 있다. 능구렁이는 아무렇지도 않게 소녀의 댕기가 되고 댕기 맨 소녀는 누구나 품고 있을 법한 풋사랑의 대상으로 읽히는 것이다. 「城에서 1999」(pp.81~87)는 비교적 긴 연시 형식인데 지금은 잊혀져가는 이름들이 나온다. 얼룩동사리, 살모사가 그들이다. 작성자도 어릴 적 큰물이 난 걸 본 기억이 있다. 시뻘건 황톳물이 밀어닥치고 그 물살에 휩쓸려 돼지가 떠내려가고 장독이 둥둥 떠가고, 믿기 어렵겠지만 수박밭이 떠내려가기도 했다. 산이나 들에 깃들어 사는 목숨들은 인간보다 먼저 자연의 변화를 알고 있어서 미리 대피한다는 걸 알지 못하던 때였는데 커다란 밧줄 뭉치처럼 보이는 그것이 뱀들이었다는 걸 아는 순간 혼비백산 소리도 못 지르고 뒤로 자빠졌었다. 그런, 생각만으로도 징그러운 뱀을 이 텍스트에서 만났다. '목구멍에 걸린 물고기'(p.81)라는 소제목이 달린 이 시를 작성자는 텍스트 전체에서 가장 눈여겨 읽었다. 먹이를 사냥해야 하는 살모사의 시각과 살아남아야 하는 얼룩동사리의 처절한 몸부림과 얼룩동사리가 외워보는 온갖 이웃들의 이름(백과사전을 베꼈을까?) 살모사의 입속에 든 후에도 정신을 놓치지 않고 저를 먹으려는 혓바닥을 물어뜯는, 뜯어보는 저 작은 목숨. 먹이라고 생각했던 것의 이빨에 물려 삼키지도 뱉지도 못하고 입을 딱딱 벌리는 살모사. 산다는 건 정말 지긋지긋한, 지리멸렬한, 치사한, 그리고 또 뭐라고 뭐라고 세상에서 배운 모든 욕지거리를 내뱉고 싶은 싸움이다. 그러나 목숨은 그렇게 이어져서 '물속에 박혀있던 나무 뿌리'(p.86)가 이 모든 비밀을 기록한다. 그런데, 마지막에 시인은 뜻밖의 장치를 꺼낸다. '우물에 먹혀 영원히 함께 죽고 싶었다'(p.87)고. 이런, 그렇다면 시인은 지금 사랑에 빠져 있다는 것 아닌가? 너한테 빠져 죽겠다는 무서운 고백 아닐까?

대개의 시인들은 시집을 묶을 때 맨 처음 페이지의 수록 작품과 마지막 수록 작품에 대하여 고민하는 편이다. 첫 페이지의 작품은 책 전체의 시적 성향을 암시하기도 하거니와 독자의 선택과 호기심을 불러일으키기도 한다. 따라서 시인은 자신의 작품세계를 대표하거나 혹은 스스로 어느 정도 완성도가 높다고 생각하는 작품을 선택한다.(물론, 이것은 작성자의 개인적 의견이다.) 이 책의 첫 작품은 「봄밤」이다. 술에 취한 화자가 택시를 타고 가면서 차창 밖으로 흩날리는 눈발을 보고 있다. 봄눈은 내리면서 바로 녹는다. '봄밤'을 이야기하면서 '봄눈'을 적고 있는 것은 이제는 봄눈처럼 흔적 없는, 여우구슬을 물고 도망치던 어린 자신을 그리워하는 정서적 여가의 장치로 보인다. 잠이 깼을 때 눈은 그치고 초파일 달이 떠 있다. 자신의 내면에서 '아우성치던' 기억 속의 '나'는 봄눈처럼 사라지고 저기, 눈 그친 하늘에 떠 있는, 하필이면 초파일 여윈 달이 문득, 자신인 듯하여 눈을 껌벅인다. 자칫 '푸념이나 혼잣소리'로 빠질 수 있는 상황을 남의 이야기 하듯 담담하게 조용조용 적어가면서 결국 할 말은 다 한다. 어렵지 않고, 장황하지 않고, 그러면서도 가볍지 않은 박형준 시인만의 돋보이는 시적 역량이라고 하겠다.

재미있는 것은 텍스트의 마지막 수록 작품 제목도 '봄밤'이다. 그렇다면 마지막 '봄밤'에서 시인은 무엇을 노래했을까? '달에서 아이를 낳고 싶'단다. '조용히/ 나무에 올라 발자국을 낳고 싶'단다. 한 권의 시집을 낳고 이제 좀 쉬고 싶다거나 혹은 여행을 가고 싶다거나 하는 상념들이 밀려올 것이다. 그런데 그는 또, '조용히' 쓴다. 나무에 올라가서 발자국을 낳고 싶다고. 나무에 낳고 싶다는 발자국은 어떤 발자국일까? 바람이 만지고 가고 구름이 읽고 가고 새들이 힐끔거리는 무형의 발자국. 혹여 이파리 무성한 나무라면 세상에 들키지 않을 자신만의 세상에 들고 싶다는 전갈로 들린다. 그러니까 그는 '물속까지 피어 있는' 잎사귀를 유심히 바라보는, 깊은 통찰력을 가졌다는 데 동의한다.

시집 『물속까지 잎사귀가 피어 있다』는 평범한 일상 속에 존재하는 것들의 본질을 가장 인간적인 따뜻함으로 기록했다. 어떤 과장도 수식도 없이 객관적 시각으로 관찰한 점이 돋보인다. 세상으로부터 멀어지거나 잊혀지는 것들을 호명하는 방식으로 독자의 시선을 잡아둔다. 독자가 이해하기 어려운 말을 사용하거나 오래 들여다보아야 할 문장을 쓰지 않았음에도 지극히 '시적인 문장'으로 쓰고 있다. 이는 시인이 추구하는 서정시의 세계가 탄탄하다는 느낌을 갖게 한다. 비교적 긴 시들이 많지만 시 속에 내재된 리듬감으로 하여 산문시와는 또 다른 감상을 가능하게 한다. 그의 시에 다녀가시는 '엄마라는 인류'를 만나는 것만으로도 충분히 기껍다.

우울한 일상의 무가巫歌

-김기택의 시세계-역신의 부활, 혹은 순치된 삶의 풍경

때와 장소를 가리지 않고 음험한 눈초리를 번뜩이는 현대판 역신은 놀라운 번식력으로 일상의 모든 영역을 장악하고 있다. 역신이 난무하는 이 시대의 규범 체계와 질서에 순응하며 투항해 가는 우리의 삶은 타율적 강제가 횡행하는 공간에 투기 되어 있는 것이다. 그것은 곧 인간화의 미덕을 빼앗긴 채 통제된 정체성만을 확인할 따름이다. 현대 사회는 '규율적 기술들'에 둘러싸인 채 폐쇄적 일상의 억압적 삶을 반복하며 사물화된 일상의 노예적 삶을 이어가고 있는 것이다. 우리는 21세기적인 천연두가 범람하는 여건의 시대를 살아가고 있다.

본디 내해다마는 아사는 어디에 있고-일상, 그 공허한 허상

삶의 시원을 향한 김기택의 시가 주목받는 이유는 규율화된 삶의 질서로부터 이탈하려는 노력 때문이다.

김기택의 시가 발원하는 지점은 견고한 일상 속에 매몰된 '왜곡된 삶의 실제 회복'에 있다. 이를 우리는 '가장 조용한 전위'라고 부를 수 있다. 김기택이 간행한 『태아의 잠』 등 네 권의 시집으로 이러한 전위적 성격을 알 수 있다. 시적 대상에 대한 시인의 예리한 관찰과 정교한 묘사가 돋보이는 그의 시는 삶의 순간들을 예각화한 관찰과 묘사로 채워져 있으며, 사실적 묘사뿐이 아니고 일상적 문법 구조와 고정관념의 진부성에 가려져 있는 존재의 고유성에까지 미치고 있다. 그것은 사물화된 일상의 본질을 명징하게 드러내기 위한 노력이며 그로 인하여 시의 사실적 묘사가 일반적 객관화의 건조함으로 떨어지지 않는 긴장감을 가진다. 그의 시 「사무원」이 좋은 예이다. 또한 그의 시적 전략 중에서는 해학과 패러디를 빼놓을 수 없다. 「사무원」의 후반부에는 「처용가」의 패러디 형식으로 현대를 살아가는 사무원의 일상을 촘촘히 묘사하고 있다. 그의 다리와 의자 다리를 구별할 수 없을 정도로 화석화, 사물화된 현대인의 모습을 통해 인간 존재의 정체성이 한낱 사무기기의 일부로 전락하는 현실을 적고 있는 것이다. 그러나 그토록 '혹독한' 수행은 그가 속한 사회로부터의 소외를 지연시켜 주는 필요조건이다.

해학의 미학 원리가 주는 상승 효과를 통해 일상인으로 전락한 주체성 상실의 현대인을 형상화하고 있다. 사무원의 세속적 일상행위를 목탁 소리, 염불, 수행 정진, 108배, 시주 등 탈속화된 용어들을 절묘하게 배치하여 사무원과 수도승의 모순 관계에서 발생하는 불일치성을 환기시킨다. 이 시가 독자에게 '깊은 슬픔'으로 다가오는 이유이다. 이는 다른 시 「김과장」에서도 마찬가지로 나타나는데 '죽음보다 출근이 더 걱정된다고 한다'는 김과장을 앞세워 '속가의 살림'을 지속시켜 주는 '시주(월급)'를 받게 하여 현재 살아 있다는 유일함을 증거하도록 하는 것이다, 주체의 자율 의지가 없는 무기력한 일상을 통해 습관의 폭력이 양산하는 권태로운 현대인을 그리고 있다. 반복적 일상이 주는 상대적 안정감에 안도하는 삶이란 결국 인간 파멸의 과정이며 인용시에서 '김과장'의 타락이 우리 모두의 타락이 되는 것이다.

틈, 불임의 절망과 구원적 절망 사이

타락한 일상이 위태로운 것은 그것이 절망적이기까지 하기 때문이며 일상의 타락을 스스로 인식하지 못하기 때문이다. '절망'하지 않기에 절망적인 현실의 상황을 감안할 때 김기택의 시는 자연 발화한다. 일상성의 폭력에 차압당한 현실을 분명히 인식하고 이를 재생, 복원하는 시인의 의지가 황홀한 초월을 경계하며 곤고한 일상에 머물게 한다. 튼튼한 것 속에서 틈은 태어난다'고 시작하는 그의 시 '틈'에서 보듯 '서로 힘차게 껴안고 굳은 철근과 시멘트'처럼 화석화된 일상이 김기택 시의 모태이다. 황폐한 일상에서 작동하는 그의 시는 삶의 생동감이 마비된 불임의 공간에서 비로소 발기한다. 김기택은 틈을 통하여 일상성에 잠식당한 삶에 생명의 숨을 불어 넣는다. 그로 인하여 김기택 시의 심층에는 원시적 생명력의 '싱싱한 비린내'(「포장마차에서」)가 자주 등장한다. 싱싱한 비린내는 결핍된 삶의 생명력을 충족시키는 신생의 향기이다. 억압적 일상의 분비물을 소각하고 정화하는 생명의 기운으로서의 비린내는 김기택의 시에 와서 존재의 살아 있음을 증명한다. 그의 시에서는 소외의 영역으로 밀려나 있던 자연 대상물들이 줄기차게 등장하는데 이는 생기를 잃어버린 직조된 삶 안에서는 이미 휘발해버린 생명의 비린내를 살려내려는 시도이다. 일상에 억눌려 고사 지경에 이른 우리 삶에 한줄기 생명의 온기를 피워 올리자는 것이다.

말랑말랑한 말들, 혹은 투명한 뇌의 언어

시인의 시심이 극에 달할 때, 김기택은 시적 대상물에 동화되어 화자의 자리로 옮겨가기도 하면서 대상이 일인칭 주체화되어 있는 의인화법을 쓰기도 한다. 그의 시 「소」가 그렇다. 화자는 시적 대상물로 전이되어 소의 이야기가 아니라 소가 된 자신을 이야기한다. 그러니까 시인은 소이다, 역으로 소는 시인 김기택이 된다. '아무도 생명과 음식을 구별하지 않는' 도축장의 풍경을 통해 생명의 비극적 현실을 새삼 환기하고 있는 것이다. 대상을 의인화하는 이러한 시적 방법으로 고정관념과 편견으로 가득 찬 세계에 전복적 사유를 시도하는 것이다. 그것은 언어의 문제로 확산되는데 현실언어에 대한 김기택의 반응은 대단히 부정적이어서 일반적이고 상식적인 '현실언어'를 거부하고 '말이 생기기 전부터 있었음 직한 비밀스러운 문법'(「말랑말랑한 말들을」)의 말랑말랑한 말들을 지향한다. 아무런 뜻도 없이 저 혼자 즐거워 웃고 춤추고 노래하고 뛰어노는 막힘이 없는 말들이다. 기표로 떠도는 텅 빈 언어가 아닌 사물 그 자체에 육화된 일차적 언어가 그것이다. 기표로 넘쳐나는 로고스의 언어를 거부하고 생동감으로 충만한 야생의 언어, 즉 미토스의 '연한 말'들을 추구하는 것이다.

김기택의 시에서 자주 볼 수 있는 '고요'의 정체는 부재를 의미하는 것이 아니고 '고요하다는 것은 가득 차 있다는 것'을 의미한다. 고요함 속에는 원시림과도 같은 생명의 비밀이 '촘촘'하게 담겨져 있어서 고요와 더불어 흐름, 움직임, 찰랑거림, 울림, 꿈틀거림, 흔들림 등 유동적 의미로 가득 차 있다.

김기택의 시에서 자주 볼 수 있는 행, 연의 의도적 배치, 문장 부호의 임의적 사용 등의 시적 장치는 그의 시세계를 이해하는 데 매우 요긴하다. 그렇다면 김기택의 시에서 시적 공간, 이미저리, 시적 장치 등이 대립적으로 공존하고 있는 것은 무슨 의미인가? 그는 고착화된 이미지가 부유하는 현실 공간에 생명이 살아 꿈틀거리는 비선형의 공간 이미지를 교차시켜서 삭막한 삶의 풍경에 경각심을 불러일으키려는 것이다.

시, 우리 시대의 무가巫歌

현대 세계의 지배적 일상성에 의해 만신창이가 된 삶의 순결성을 되짚어 볼 때, 욕망의 환각이 팽배한 이 시대를 견디는 것은 역신을 쫓는 축사逐邪의 노래를 부를 줄 아는 무당들의 건재가 희망이 될지도 모른다. 겹핍된 현실을 보상하고 건전한 삶의 복원을 위해 언어의 굿판을 벌이는 존재, 즉 시인들이야말로 현실적 삶에 기반을 두면서도 그 너머의 세계와 구원의 목소리를 주고받는 희망의 메신저들일지도 모른다.

그들 가운데 시인 김기택이 있다. 이제까지의 그는 처절한 무가를 불렀다면 네 번의 치병의식을 치르는 동안 그의 노래는 얼마간 긴장성이 이완된 듯도 하다. 앞으로 김기택에 의해 불릴 노래가 세상의 많은 「양치기 소년」의 노래가 아닌 과장과 호들갑을 경계하는 시적 진정성의 본보기가 되기를 기원한다.

바보 같은 내 삶의 패러디

'하늘 아래 새로운 것은 없다'는 말처럼 인간은 모방을 통해 삶을 배워나간다. 문학 또한 만들어진 당시의 시간 속에서만 존재하는 것이 아니라 끊임없는 재해석과 비평 속에서 수용되는 것이다. 그것은 있는 그대로의 수용이 아니고 새로운 생산이라는 상황으로 전개되기도 한다. 패러디는 이와 같이 원전을 해석, 비판하는 과정에서 기존의 작품을 바탕으로 새로운 작품을 탄생시키는 행위와 결과라고 말할 수 있다.

그러나 패러디는 기존 문학의 언어, 형식, 갈래에 대한 '기생적 문학'으로 문학의 위기적 징후를 보여준다는 비판적 판단을 받기도 한다. 그렇지만 패러디는 단순한 호기심에 의한 문학의 한 갈래로 볼 것이 아니라 또 다른 하나의 장르로 보는 것이 패러디에 대한 폭넓은 이해일 수도 있다.

패러디의 정의를 간단히 살펴본다.

패러디(parody)는 원전의 풍자적 모방 또는 원전의 희극적 개작으로 정의된다. 패러디(parody)의 어원인 parodia는 다른 것에 대한 반대의 입장에서 불린 노래라는 의미를 갖고 있으며, 이보다 더 오래된 낱말로 추정되는 parodio는 모방하는 것, 모방하는 가수의 의미를 지녔다. 따라서 이

두 상반된 어원적 의미로 보면 패러디란 반대와 모방 또는 적대감과 친밀감이라는 상호 모순의 양면성을 띠고 있다. 그러니까 모방과 변용이 패러디를 구성하는 기본 개념인 것이다. 패러디 시는 저명 작가의 시의 문체나 운율을 모방하여 그것을 풍자적 또는 조롱삼아 꾸민 익살스런 시문으로 때로는 악의가 개입되기도 한다. 그러나 원전의 의미가 지나치게 도덕적이라거나 교훈적일 때 억압된 진리 혹은 필요성 즉 가치나 미덕을 복원하기 위해 시도하기도 한다. 또한 패러디는 원작자의 의도에 상관없이 그 대상에 논리적으로 함축된 가능성으로서의 의미를 재발견해 내는 역할을 한다. 패러디스트는 원작에 대해 모든 장치를 활용하여 내포된 의미를 밝힘으로써 합법성과 정당성을 보장 받는데, 각종 패러디 광고가 이에 해당한다. 또한 널리 알려진 작품을 패러디하여 독자의 친밀감과 신뢰를 획득하고 자신의 창작성에 가치를 더하려는 시도도 있다고 하겠다.

그렇다면 시를 통해서 살펴보는 패러디의 양상은 어떠할까? 패러디를 위해서는 꾸준한 재읽기와 재해석이 요구된다. 이는 원작에 대한 폭넓은 이해가 따라야 하며 그 텍스트가 놓인 현실적 상황에 따라 새로운 의미 창출이 가능하다. 패러디를 좀 더 자세히 알아보기 위하여 널리 알려진 패러디 시를 살펴본다.

다음은 시 「오적五賊」 등을 통하여 다수의 패러디 시가 널리 알려진 김지하가 1970년대 집중적으로 생산한 독특한 양식의 판소리시 『蜚語』 중 「소리내력」이다. 이 시를 보면, '지치고 처지고'부터 '한다는 소리가'까지가 시적 사건을 서술해가는 화자의 목소리이다. 그런데 바로 이어서 '에잇/ 개 같은 세상!'이라는 말이 나옴으로써, 화자의 목소리와 작품의 등장인물인 안도의 목소리가 겹치게 된다. 그 다음 서술은 자연스럽게 화자의 목소리로 또 연결되는 것이다. 그리고 위의 시에서 판소리의 율문과 산문, 즉 판소리가창의 전개 방식과 상응하는 것이 이 시의 문체적 특징이다. 김지하의 판소리 시에서의 율문과 산문의 조화는 바로 이 판소리의 문체적 특징을 그대로 수용한 것이다.

지치고 처지고 주리고 병들고 미쳐서 어느 날 노을진 저녁때
두발을 땅에다 털퍼덕 딛고서 눈깔이 뒤집혀 한다는 소리가
에잇
개 같은 세상!
이 소리가 입 밖에 떨어지기가 무섭게 철커덕
쇠고랑이 安道 놈 두 손에 대번에 채워지고 질질질 끌려서 곧장
재판소로 가는 구나
땅땅땅-
무슨 죄던고?
두발로 땅을 딛고 아가리로 流言蜚語를 뱉어낸 죄올시다.
호호 큰 죄로다
피고는 두발로 땅을 딛고 아가리로 流言蜚語를 뱉어냄으로써
건방지게 無許可着足罪 , 제가 뭔데 肉身休息罪, 싹아지없이
心氣安定罪
(중략)
그위에 더욱이 特別社會操作法違反罪를 犯하였음에 有罪가
인정되므로 法에 따라 …(중략)…向後 오백년간의 禁錮刑에 處할 것을 준엄히 준엄히 준엄히 선고하노라
땅, 땅, 땅-

-김지하의 『蜚語』 중 「소리내력」

위의 시를 읽으면 1970년대 우리가 처했던 시대 상황이 한눈에 그려진다. 이처럼 김지하의 패러디 시는 '원전의 풍자적 모방'을 통해 전통 판소리의 장르체계 뿐만 아니라 그 문체, 관습, 수법 등의 다양한 영역에 걸친 창조적 재구성, 재편집, 모방, 변용의 양태를 보인다.

김춘수의 시 「꽃」은 여러 시인들에 의해 패러디된 시 중의 하나인데 오규원의 「꽃의 패러디」 또한 널리 읽히고 있다.

꽃의 패러디 -오규원

내가 그의 이름을 불러 주기 전에는
그는 다만
왜곡될 순간을 기다리는 기다림
그것에 지나지 않았다.

내가 그의 이름을 불렀을 때
그는 곧 나에게로 와서
내가 부른 이름대로 모습을 바꾸었다.

내가 그의 이름을 불렀을 때
그는 곧 나에게로 와서
풀, 꽃, 시멘트. 길, 담배꽁초, 아스피린, 아달린이 아닌
금잔화, 작약, 포인세치아, 개밥풀, 인동, 황국 등등의
보통명사가 수명사가 아닌
의미의 틀을 만들었다.

우리들은 모두
명명하고 싶어 했다.
너는 나에게 나는 너에게.
그리고 그는 그대로 의미의 틀이 완성되면
다시 다른 모습이 될 그 순간
그리고 기다림 그것이 되었다

원작 김춘수의 「꽃」은 가치 없는 '무엇'에게 내가 '무엇'이라고 명명했을 때 그 대상이 내가 요구하는 '무엇'이 된다였다면, 오규원의 「꽃의 패러디」는 의미 부여마저 단순한 틀을 씌우는 것에 지나지 않는다고 보고 있다. 다시 말해 의미의 틀과, 의미의 차이를 명백하게 인식해야만 한다는 것이다. 김춘수의 「꽃」에서는 '나는 너에게 너는 나에게 잊혀지지 않는 하나의 의미가 되고 싶다'고 하였다. 그러나 오규원 시인은 그 의미 부여라는 행위가, 또 다른 기다림의 양산이라고 인식하므로 의미 부여 행위 자체를 부정하는 것이다. 명명이라는 행위로서 의미의 틀이 씌어지면 그것은 또 다른 기다림이 된다고 보는 것이다.

후기자본주의사회 또는 뉴미디어사회로 진입함에 따라 문학 외에 다른 장르(영화, 무협소설, 광고, 사진 등)와 결합되는 즉, 대중문화 장르에 대한 패러디를 함으로써 나타나는 시도 있다. 이에 따라 무협시, 광고시, 영화시, 사진시 등 그 명칭이 달리 표현된다. 이 중에서 광고시를 살펴본다.

한 쌍의 남녀(얼굴은
대한민국 사람이다)가
沙漠을 걸어가고 있다

…(중략)…
이렇게만 씌여 있다
동일레나운의 광고
IT'S MY LIFE-Simple Life

(심플하다!)

Simple Life, 오. 이 상징의
넓은 沙漠이여
사막에는 생의 마파에 집어던질
돌멩이 하나 없으니-

-오규원, 『가끔은 주목받는 생生이고 싶다』 중 「그것은 나의 삶」

위의 시는 TV에 나오는 '동일레나운 광고'의 광고 문안과 영상을 그대로 언어에 담아내고 있는 오규원의 또 다른 패러디 시이다. 활자 매체인 현대시와 영상매체인 TV 광고 사이의 장르 혼합이 되고 있다. 그러므로 광고시는, 영상과 언어의 결합이 된다. 이 작품의 제목인 「그것은 나의 삶」은 바로 이 광고 문안의 일부인 'IT'S MY LIFE'를 그대로 가져온 것이다. '가장 일반적인 의미에서 상호 텍스트성은 주어진 어느 한 텍스트가 다른 텍스트와 맺고 있는 상호 관계를 의미하지만 그 개념은 사실상 매우 넓은 스펙트럼을 차지한다. 한편 가장 제한된 의미에서 상호텍스트성은 주어진 텍스트 안에 다른 텍스트가 인용문이나 언급의 형태로 명시적으로 드러나 있는 경우를 말한다'(포스트모더니즘과 문학/ 김욱동)가 상호텍스트성에 관한 적절한 설명이 될 것이다. 패러디가 원전에 의존하는 만큼 패러디는 독창적이지 못하고 '기생적'인 존재라는 전통적 인식이 있지만 패러디의 본질은 원전에 대한 패러디스트의 친밀감과 적대감, 닮음과 차이의 양가적 태도이다. 패러디는 과거(전통, 원전)를 소중히 간직하면서도 과거에 의심을 품으며 과거의 권위를 정립하면서도 이를 위반하는 전략이며 과거의 존경과 우롱, 지속과 변화를 동시에 수반하는 것이다. '온고이지신'溫故而知新의 동양적 전통주의는 새로운 것은 낡은 것의 승인을 받을 때 비로소 충격을 줄 수 있는 사실을 시사한 것으로 해석할 수가 있다. 차이는 강조성을 '溫故'에 두느냐 '知新' 쪽에 두느냐에 있지 패러디가 전적으로 과거지향적인 것도 전적으로 미래지향적인 것도 아니다.

이렇게 볼 때, 패러디가 문화적 고갈인가 쇄신의 징후인가 혹은 보수주의나 진보주의의 산물인가라는 논의는 큰 의미가 없다고 본다.

탈중심주의에 대한 재미있는 시 한 편을 소개한다.

캠릿브지 대학의 연결구과에 따르면, 한 단어 안에서 글자가 어떤 순서로 배되열어 있는가 하것은 중하요지 않고, 첫째번와 마지막 글자가 올바른 위치에 있것는이 중하요다고 한다. 나머지 글들자은 완전히 엉진창망의 순서로 되어 있지을라도 당신은 아무 문없제이 이것을 읽을 수 있다. 왜하냐면 인간의 두뇌는 모든 글자를 하나 하나 읽것는이 아니라 단어 하나를 전체로 인하식기 때문이다.

너는 전후에 존재한다. 고로 나는 가운데 토막이다

-강희안, 「脫中心主義」, 《현대시》, 2007년 4월호

캠브릿지 대학의 연구결과에 따르면, 한 단어 안에서 글자가 어떤 순서로 배열되어 있는가 하는 것은 중요하지 않고, 첫 번째와 마지막 글자가

올바른 위치에 있는 것이 중요하다고 한다. 나머지 글자들의 순서가 엉망진창일지라도 아무 문제 없이 이것을 읽을 수 있다고 한다. 왜냐하면 인간의 두뇌는 모든 글자를 하나하나 읽는 것이 아니라 단어 하나를 전체로 인식하기 때문이라고 한다. 그러니까 철자의 처음과 뒤만 같다면 그 안의 순서가 어찌 되었든, 아무 문제없이 읽을 수 있다는 것. 물론 이미 학습되어 인지된 단어라야 하겠지만. 이런 심리현상을 '단어우월효과(word superiority effect)'라고 부른다고 한다. 이 시가 말하고 있는 것은 무엇인가? 세상은 언제부턴가 중심을 향한 너나 없는 전쟁터로 바뀌었는데 우리가 중심이라는 허망한 실체를 찾고 있다는 것이다. 결국 인간이란 보이는 것을 보는 것이 아니라 보고 싶은 것을 본다는 말이 될 것이다.

이 시는 독창성, 개성을 존중하는 인문주의에 대한 도전으로서의 패러디로 설명할 만한 시이다. 이는 자기식의 해체, 재정립 등 다양한 의미해석의 중심론적 사고에 해당한다고 하겠다. 상대주의, 차이 이데올로기, 다원주의 등의 유사개념들이 내포된 패러디의 이데올로기는 탈중심주의이다. 따라서, 패러디의 상호텍스트성은 과거를 폐기하려는 욕망이 아니라 당대 그 세계에 적절한 창조로 과거를 개변하려는 욕망을 함축한다.

마르크시스 비평가인 제임슨(Frederic Jameson)에 의하면 패스티쉬는 두 가지 상황에서 발생한다. 첫째 새로운 세계와 스타일이 모두 소진되어 더 이상 독창적인 것, 스타일상의 개혁이 불가능해졌다는 고갈의식과, 둘째로 가정법을 구사해서 언어적 규범(패러디의 대상)이 상실되고 언어의 다양성만 남게 된 상황이다. 규범이 없으므로 어떤 언어의 독특성이 독특성으로 느껴지지 않는다는 것이다. 이런 상황에서 패러디가 불가능하고 풍자적 의도가 없는 죽은 언어로서 패스티쉬로 탄생한다는 것이 제임슨의 요지이다. 모방적 기교에서 패러디가 원전과 다르게 모방하는 것이라면 패스티쉬는 원전과 유사하게 모방하는 것이다. 또한 한 원전만을 대상으로 하는 패러디와 달리 풍자적 의미가 없는 '중성모방'이며 여러 원전을 발췌 조립하는 '혼성모방'이다. 이런 패스티쉬의 기교가 한국 현대시에서는 새로운 기법으로 채용되고 있으며, 현대시의 한 가능성이 되고 있는 것이다.

김종수 80년 5월 이후 가출
소식 두절 11월 3일 입대 영장 나왔음
귀가 요 아는 분 연락 바람 누나
829-1551

이광필 광필아 모든 것을 묻지 않겠다
돌아와서 이야기하자
어머니가 위독하시다

조순혜 21세 아버지가
기다리니 집으로 속히 돌아오라
내가 잘못했다

나는 쭈그리고 앉아
똥을 눈다

-황지우, 「심인」 전문

이 시는 신문의 심인 광고(사람을 찾는 광고란)를 발췌, 배열하고 마지막 연에만 화자의 행위를 서술하고 있다. 이 마지막 연에 등장하는 화자는 화장실에서 신문을 보고 있다. 아무렇지도 않은 우리 모두의 일상사가 쉽게 상기되면서 웃음을 깨물게 한다. 그러나 이 마지막 연은 결정적인 새로운 문맥을 형성하는데, 곧 그 심인 광고 개개의 절박함이 화자의 행위로 코믹화되면서 타인들의 불행에 대한 관습적 무관심이라는 소외 단절의 의미가 전달되는 것이다. 패러디와 패스티쉬는 '문학의 사유화'를 부정하는 관점의 소산이다. 그러나 시인이 다른 시인의 작품이 아니라 바로 자신의 과거 작품의 시구들을 발췌하는 것은 혼성 모방의 특이한 변형이라 할 만하다.

안카네이션, 그들은
육화라고 하지만
하느님이 없는 나에게는
몸뚱어리도 없다는 것일까,
나이 겨우 스물둘인데
내 앞에는
늙은 산이 하나
대낮에 낮달을 안고
누워 있다
어릴 때는 귀로 듣고
커서는 책으로도 읽은
천사,
그네는 끝내 제 살을 나에게
보여 주지 않았다
맨발로 바다를 밟고 간 사람은
새가 되었다지만
그의 젖은 발바닥을 나는 아직 한 번도
본 일이 없다

-김춘수, 「處容斷章 3-12」 전문

이 시는 처용설화를 패러디 하고 있는 김춘수의 「처용단장」으로, 전통장르에 대한 패러디의 극단적 형태라고 볼 수 있다. 패스티쉬 등의 모방기교는 표절의 우려성이 다분히 잠재되어 있어 우리의 고전시학이 경계한 것은 지극히 당연한 일이라고 하겠다. 다시 말하면 표절과 모방이 이웃한 개념이라고 할 때 패스티쉬 기법은 표절의 혐의를 피할 수 없다. 그럼에도 불구하고 이 패스티쉬는 현대시의 새로운 기법으로 채용되고 있다.

지금까지 패러디의 정의를 시작으로 하여 상호텍스트성, 탈중심주의와 패스티쉬에 대해서 살펴보았다. 독특한 특성을 가진 패러디시는 확실히 전통적인 방식의 시보다 독자에게 신선한 충격을 줄 수 있으며 그만큼 쉽게 다가간다고 하겠다. 포스트모더니즘을 '패러디 시학'으로 규정한 허천의 견해처럼 패러디시는 지금 우리가 살고 있는 이 시대의 복잡한 삶의 양상을 잘 반영해 준다고 할 수 있다. 이제 패러디시는 문학의 영역을 넘어서 하나의 문화현상으로 자리매김하게 되었고 새로운 모습의 패러디시가 꾸준히 창조 될 것으로 생각한다. 이러한 패러디시의 기법을 교육현장에서 적용한다면 시 쓰기를 어려워하는 학생들에게 능률적인 효과를 기대할 수 있는 교육 방법이 될 것이다.

■참고 문헌

김준오, 『詩論』 제4판, 三知院, 2004.
김준오, 『도시시와 해체시』, 문학과비평사, 1992.
이해웅, 『한국현대시 연구』, 세종출판사, 2006,
백용식, 『웃음과 풍자 분석』, 충북대학교 러시아연구소, 2001,
신익호, 『한국 현대시 연구』, 한국문학사, 1999.

그의 영혼은 과연 말랑말랑할까?

-함민복, 『말랑말랑한 힘』

감나무

참 늙어 보인다
하늘 길을 가면서도 무슨 생각 그리 많았던지
함부로 곧게 뻗어 올린 가지 하나 없다
멈칫멈칫 구불구불
태양에 대한 치열한 사유에 온몸이 부르터
늙수그레하나 열매는 애초부터 단단하다
떫다
풋생각을 남에게 건네지 않으려는 마음 다짐
독하게, 꽃을, 땡감을, 떨구며
지나는 바람에 허튼 말 내지 않고
아니다 싶은 가지는 툭 분질러 버린다
단호한 결단으로 가지를 다스려
영혼이 가벼운 새들마저 둥지를 틀지 못하고

앉아 깃을 쪼며 미련을 떨치는 법을 배운다
보라
가을을 머리에 인 밝은 열매들
늙은 몸뚱이로 어찌 그리 예쁜 열매를 다는지
그뿐 눈바람 치면 다시 알몸으로
죽어 버린 듯 묵묵부답 동안거에 드는

첫 행부터 '참 늙어 보인다'고 말문을 탁 막아버린다. 이건 독자의 상상력을 방해하는 것으로 읽힌다. 또한 늙은 나무라면 꼭 감나무가 아니더라도 이야깃거리가 있을 것이다.

목질이 약해서 잘 부러지는 감나무의 특성과 빗대어 단단한 열매를 쓰고 있는데, 후반에서는 '가을을 머리에 인 밝은 열매들'이라고 썼다. 가을이 되어 발갛게 익은 감을 말하면서 본래 떫고 단단했던 감이 물렁한 홍시로 가는 과정은 언급하지 않았다. 감이 익어가는 과정을 썼어야 한다는 이야기가 아니고, 너무 무책임하게 한 행을 끼워 넣었다는 느낌이 든다는 것이다. 시인의 특별한 시각이 포착한 지점이 없다. '눈바람 치면 다시 알몸으로/ 죽어 버린 듯 묵묵부답 동안거에 드는' 나무는 많고 많다. 감나무 가지의 특성을 설명하기 위한 장치로 '새들마저 둥지를 틀지 못하고'라고 했는데 감나무 가지에 집을 짓는 까치를 어렵지 않게 볼 수 있다. 이 또한 시인의 단편적 시선에서 비롯된 오류로 보인다. 시란 있는 이야기를 사실대로 쓰는 것이 아니고 있을 법한 이야기를 쓰는 것이라고 하지만 기왕에 있는 사실을 없다라고 쓸 수는 없지 않을까? 한가로운 어느 오후 뜨락을 거닐던 시인이 눈앞에 서 있는 감나무를 바라보며 참 늙은 나무구나, 가지가 구불거리는 걸 보니 만만한 세월이 아니었구나, 하면서 자신의 삶과 견주어 보는 상황을 단정히 정리된 문장으로 옮긴 것에 불과하다고 읽는다. 그러면서도 이 시를 텍스트로 불러온 것은 어쩌면 가장 함민복 시인다운 글이라는 느낌 때문이다. 그는 넘치지 않고 요란하지 않은 글을 쓴다. 보이면 보이는 대로, 담담히 옮겨 적는다. 특별한 시적 발견이나 시인의 시선은 없지만 함민복 시인답다에 줄을 긋는다.

길 위에서 깔려 죽은 뱀은 납작하다

봄엔 능구렁이가 많이 깔려 죽고
가을엔 독사가 많이 깔려 죽는다
왜 그러냐고 뱀들에게는 아직 물어보지 못했으나

뱀이 죽은 이 지점은
가장 뱀의 길이 아니었으며잡아
죽는 한이 있더라도 꼭 건너야 했던
가장 뱀의 길이었으니

길은 얼마나 공격적인가
길이 길을 잡아먹는 만큼 길은 길인 것
길이 길을 잡아먹는 지점이 가장 길인 것

들판에서 볏가마니 싣고 나온 농부가
경운기에 추수한 길을 싣고 탈탈탈
깔려 죽은 뱀 위를 천천히 지나간다

'봄엔 능구렁이가 많이 깔려 죽고/ 가을엔 독사가 많이 깔려 죽는다' 왜 그런지를 꼭 뱀에게 묻지 않아도 된다. 그런 건 시와 아무 상관없으니까. 이 시의 정점은 두 번째 연이다. '가장 뱀의 길이 아니었으며/ 죽는 한이 있더라도 꼭 건너야 했던/ 가장 뱀의 길이었으니' 뱀은 길을 건넌 것이다. 시인이 이야기하려는 것이 길에서 깔려죽은 뱀의 이야기이겠는가? '죽는 한이 있더라도 꼭 건너야 했던' 길들이 우리 앞에 얼마나 많이 있었는지 생각해 보자. 죽을 줄 알면서도 앞을 막아선 운명과 한 판 승부를 겨루는 것이 삶이다. 죽자고 덤벼야 겨우겨우 숨통이 트이는 막막한 세상에서 봄에는 봄이어서 죽을 자리가 길이고 가을은 또 가을이어서 죽음을 무릅쓰고 길을 건넌다.

다행히 죽지 않고 길을 건너서 반대쪽에 도착했다고 치자. 거기라고 안전하다는 보장은 없다. 거기는 또 어떤 '길' 위의 위험이 도사리고 있을지 모른다. 그런데 '길이 길을 잡아먹는 만큼 길은 길인 것/ 길이 길을 잡아먹는 지점이 가장 길인 것'이라는 행은 너무 작위적으로 보인다. 마지막 행을 보면 '추수한 길을 싣고' 깔려 죽은 뱀 위를 지나가는 농부가 있다.

그러니까 시인이 보는 이 세상은 길 아닌 것이 없다. 어느 지점을 지시해도 그것은 모두 나름대로의 절실함을 가지고 있는 길일 것이다. 굳이 잡아 먹고 잡아 먹히는 그 지점만을 길이라고 강조할 필요가 있을까? 독자의 욕심을 말한다면, 깔려 죽어 납작해진 뱀의 이미지 확장이 아쉽다. 아무려나 이 시를 읽고 보니 나 또한 세상에 부려진 작은 길이었다. 그런데 나는 어디로 가는 길일까? 내가 조심해야 하는 로드킬의 지점은 어디일까 사뭇 서글퍼진다.

논 속의 산 그림자

물 잡아논 논배미에 산그림자가 드리워져
낮은 물 깊어지네

산 그림자 산 높이의 열 배쯤
한 십여리
어떻게 와서 저리 몸 담그고 있는지

거꾸로 박힌 산그림자 속
바위는 굴러 떨어지지 않고
나무는 움트네

개구리 울음소리 산그림자
깜깜하게 풀어놓던며칠 밤 지나

흙을 향해 허리 굽히는 게 모든 일의 시작인
농부들 푸른 모춤을 지고
산 그림자 속으로 걸어 들어가네
뒷걸음치며 산에 모를 심네
바위 위에도 모를 꽂아 놓았네

산 그림자 속에서 백로 한 마리 날아 나와
편 목 다시 구부리며
젖지 않은 발 적시며

산 그림자 위로 내려앉네

색감이 화려하지는 않으나 선명하게 보이는 수채화 한 폭을 본다. 들밥을 이고 가는 어머니 뒤를 따라 논길을 종종대던 계집애가 보인다. '흙을 향해 허리 굽히는 게 모든 일의 시작인 농부들'이 눈물겹다. 나는 왜 다정한 것 따뜻한 것들을 보면 눈물이 도는지. 시가 꼭 깊은 사유를 필요로 한다고는 생각하지 않는다. 이 시는 맑은 목소리로 부르는 동요를 닮았다. 어쩌면 고요해도 이렇게 고요할 수가 있을까? 문득 저 산 그림자 속에서 머릿수건을 쓴 할머니가 걸어 나오실 것만 같다. 이 시집은 출간 된 지 십여 년이니 그동안 시인도 늙고 독자도 늙었다. 현대 독자들에게는 그저 그림 같은 옛이야기로 들릴지도 모른다. 공감대를 찾기가 어려워졌을 것이다. 그러나 푸른 모춤을 지고 산 그림자 속으로 걸어 들어가는 농부를 따라가고 싶지 않을까? 지금 열풍을 일으키고 있는 둘레길 걷기나 힐링이라는 말이 사실은 정신 정화의 다른 이름이라고 할 때 이처럼 고요한 시 한 편을 웅얼거려보는 것도 더할 나위 없는 힐링의 방법이 될 것이다. 그런데, 시가 심심하기는 심심하다.

뻘에 말뚝 박는 법

뻘에 말뚝을 박으려면
긴 정치망 말이나 김 말도

짧은 새우 그물이나 큰 말 잡아 줄 써개말도
말뚝을 잡고 손으로 또는 발로

좌우로 또는 앞뒤로 흔들어야 한다
힘으로 내리 박는 것이 아니라
흔들다보면 뻘이 물러지고 물기에 젖어
뻘이 말뚝을 제 몸으로 빨아들일 때까지
좌우로 또는 앞뒤로 열심히 흔들어야 한다
뻘이 말뚝을 빨아들여 점점 빨리 깊이 빨아주어
정말 외설스럽다는 느낌이 올 때까지
흔들어주어야 한다

수평이 수직을 세워

그물 넝쿨을 걸고
물고기 열매를 주렁주렁 매달 상상을 하며
좌우로 또는 앞뒤로
흔들며 지그시 눌러주기만 하면 된다

바닷가 백사장에 파라솔을 세우는 것을 본 적이 있다. 이 시에서 일러주듯 자리를 잡고 천천히 흔들며 박아갔다. 말랑말랑한 것들의 힘을 이용하기 위해서는 이쪽에서도 말랑말랑하게 다루어야 하는 것이었다. 시인이 아니라면 누가, 뻘에 말뚝 박는 광경을 이토록 자세히 보았겠는가. 이 시의 재미는 한껏 조심하면서도 감추지 못한 외설적인 묘사이다. 그런데, 시인 자신이 '정말 외설스럽다는 느낌이 올 때까지'라고 말해 버려서 김이 빠진다. 나라면 그 행을 지워버리겠다. '수평이 수직을 세워'를 한 연으로 처리한 그 속내만으로도 충분히 아름다운 '외설'이 설명된다. 그런 맥락에서 읽는다면 마지막 연의 3행도 부연 설명이다. 마지막 행 '흔들며 지그시 눌러

주기만 하면 된다'로 마무리했다면 어떨까 싶다. 아무려나 이 시집의 제목이 '말랑말랑한 힘'이니 시인의 의도를 짐작해 가며 읽어본다. 강한 것을 이기는 것은 더 강한 것이라고 믿는 사람들에게 말랑말랑한 것들의 강함을 설명하고 있다. 세상 어떤 사물에게도 자신을 지키는 나름대로의 방법과 힘이 있다. 그러므로 이긴다는 것은 곧 소통을 의미한다. 그렇다면 나는 뻘인가, 말뚝인가? 때때로 위치가 바뀌기는 하지만 세상에는 뻘보다 말뚝이 많을 것 같다. 아니, 뻘이 더 많을지도 모른다. 다만 수평의 그것들이 침묵하는 까닭에 제멋대로 날뛰는 수직들이 넘쳐보일 뿐이다.

푸르고 짠 길

이 길은 푸르고 짜다
길 속에서 먹을 것을 잡아 올린다
이 길엔 깊이가 있어
길에 빠져 죽기도 한다
길 위에서 밥을 몇 번 해 먹으면
두려움이 가시기도 하는

길과 같이 흔들리며 낚시를 한다
온 힘을 다해 살아온 지혜를 다 짜
배와 줄다리기하던
망둥어가 뽑힌다
얽히고설켰던 길의 가닥 중
망둥이 길 하나가 뽑혀져 나온다

길의 배를 따고
물에 길을 넣고 불로 길을 끓인다
길의 살점을 발라 먹는다
먹는 것은 길의 살점뿐인데
살점들은 먹지 못하는 길의 뼈에 붙었으니
길을 먹은 힘으로 길을 또 가야 하는
길이 흔들린다
흔들리는 길 위에서 길은 더 흔들린다
이 길은 늘 푸르고 짜다

세상의 어떤 길이 짜지 않으랴. 하물며 바다의 길이라니! 서해 바닷가에서 밀물에 드러난 갯벌로 꼬막을 잡으러 가는 경운기의 행렬을 본 적이 있다. 사람들이 바닷속으로 바다 속으로 하염없이 들어가는 풍경은 놀랍도록 아름다웠다. 멀리서 바라보는 길은 아름답다. 그러나 그 길을 내가 직접 걸어가 보면 세상 어떤 길들도 만만치 않다. 함민복 시인은 '깊이가 있어/ 길에 빠져 죽기도 한다'고 노래한다. 그런데 빠져죽을 수도 있는 길 위에서 '밥을 몇 번 해 먹으면/ 두려움이 가시기도 한'단다. 그렇다. 삶이 주는 두려움과 대적할 수 있는 것은 오직 삶뿐이다. 결국 죽음이라는 길 위에서 홀연히 사라지는 것, 그것이 삶의 참모습이다. 시인에게는 세상 모두가 길이다. 낚시로 잡아 올린 망둥이도 길이고 먹을 것을 잡아 올리는 바다도 길이고 입으로 들어가는 일용할 양식도 길이다. '이 길이 늘 푸르고 짠' 것은 바닷길이어서가 아니고 얽히고설킨 목숨의 길이어서 짜다. 길 위에서 웃고 울며 사랑을 한다. 길이 기억하고 있는 대부분의 삶은 짜다. 어째서 우리는 행복보다는 슬픔 쪽으로 치우친 한 생을 살다 가는지, 그러면서도 결코 길 밖으로 벗어나지 못하는 건 길목 어디쯤인가에 서성이고 있을지도 모르는 내 몫의 행복에 대한 미련을 버리지 못해서이다.

그 허무맹랑한 희망을 놓지 못하고 빠져 죽을 수도 있는 길 위에서 밥을 해먹고 바다에서 건져 올린 길을 '나'라는 길에 덧대면서 푸르고 짠 길을 걸어가는 것이다. 그런데, 세상의 모든 길은 서로 통한다니 걷고 또 걷다보면 거기서 그를 만나기도 하겠네!

오래전 모 문학상 시상식장에서 그를 처음 보았다. 추운 겨울이었는데 손뜨개로 뜬 초록색의 털 조끼를 입고 있었다. 천지가 얼어붙은 한겨울에 눈이 환한 초록색 조끼가 조금은 생경스러워 보였다. 수상소감을 말하려고 마이크 앞에 선 그는 입을 열지 못하고 쩔쩔매고 있었다. 그를 바라보는 축하객들이 민망할 만큼 말문을 트지 못하고 얼굴이 붉어지는 그를 보다 못한 사회자가 어떻게 어떻게 얼버무려서 위기를 모면했다. 그때 나는 '저사람 참 답답하다. 손으로 하는 말을 왜 입으로는 못 하나' 생각하면서 혀를 끌끌 찼던 기억이 있다.

시집 『말랑말랑한 힘』은 고만고만한 따뜻함으로 묶여져 있다. 위의 텍스트에서 보듯이 그는 '길'을 즐겨 쓰는 편이다. 그의 거처가 강화도라는 요인도 있겠지만 그가 바라보는 시적인 세계는 그저 담담하고 따뜻하다. 애써 힘을 줄 것도 없고 차가운 물을 마시며 정신 차릴 것도 없다. 이 시집은 시인 주변의 이야기들을 뺄 것도 없고 보탤 것도 없이 적어가고 있다. 누가 듣던지 말던지 자신이 가진 가장 부드러운 말투로 조용조용 이야기를 전한다. 특별한 방법을 찾아낼 수는 없지만 함민복 시인만의 특유한 기술법을 말하라면, 그는 시적 대상을 향해 연민의 눈길을 던지지 않는다. 있는 현상을 본래의 모습대로 전하면서 자신이 하고 싶은 말을 자신의 입장에서 전한다. 그런데 그것이 시인의 입장이 아니고 독자의 입장으로 읽힌다는 것이 함민복 시인의 장점이다. 이 시집에서 자주 등장하는 길이나 뱀의 이미지는 시인의 시선이 삶의 곡진한 부분에 닿아 있음을 알게 한다. 나무도 천천히 구불구불 자란 나무를 불러오고 길에 깔려 죽은 뱀을 노래하고 개도살장에서 담배연기를 내뱉으며 죽음의 진행을 지켜본다. 세상 모든 것들은 제각각의 길이고 그 길들이 뒤엉켜 길을 먹고 길 위에서 죽는다고, 삶의 고리를 그려낸다. 그러면서도 가끔가끔 뼈 있는 말을 박아 두었다. 돌에는 이미 부드러운 것들이 써둔 문장이 있으니 사람이 따로 새기지 말라고 능쳐 말하면서 부드러운 쐐기를 박는다. 이미 딱딱하고 더 딱딱해지는 도시를 떠나 저 말랑말랑한 것들의 천국인 갯가로 거처를 옮겼으니 그는 더욱 부드러워지겠다. 부드러운 것들의 말랑말랑한 힘이 어떻게 딱딱한 것들을 이기는지 알아내기까지, 그렇게 알아낸 비밀을 글로 옮겨가면서 본디도 부드러웠던 그가 더욱 부드러워졌겠다. 그러나 부드러운 수평이 딱딱한 수직을 다루는 비밀을 이미 알아버렸으니 그는 자신의 그리움이나 기다림 따위를 모조리 불러내어 긴 길을 만들고 있는 것이다. 그가 만든 길은 부드럽고 말랑말랑하고 너무 물러서 잘못하면 발이 빠질 것만 같다. 그러나 그가 자신의 길 곳곳에 마련해 둔 다정한 샘물이 있어서 누구라도 쉬어 갈 수 있으니 그의 시가 갖는 힘이 또한 그렇다. 야단스럽지 않게, 자신이 거기 있으면서도 없는 것처럼 조용하게, 찬찬히 주변을 둘러보고 자신이 본 것을 기록하는 것으로 시인의 본분을 다하기 위하여 시인 함민복은 이 시집을 엮었을 것이다. 아름다운 시인이다.

따뜻하거나 섬세한 시선

-나희덕, 『어두워진다는 것』, 창비, 2001.

나희덕 시집 『어두워진다는 것』(창작과비평)은 2001년 초판을 시작으로 2003년 11쇄를 펴낼 만큼 뜨거운 사랑을 받은 책이다. 그로부터 이십여 년이 지난 지금도 다수의 문학 수업에서 교재로 쓰이고 있다는 것은 시집 "어두워진다는 것'이 지닌 '시의 힘'에 공감하는 독자가 여전하기 때문일 것이다.

아주 오래전에 읽었던 이 시집을 처음 읽었을 때와 이론을 바탕으로 다시 읽기를 시도했을 때 느끼는 감상을 비교하려고 한다. 이를 위해 다수의 평론을 찾아 읽었지만 옮겨오고 싶은 평론을 만나지 못했으므로 나의 '느낌'에 충실한 글을 쓰기로 한다.

한 그루 의자

태어나서 한번도 두 발로 걸어보지 못했다

다리가 넷이라는 것이 불행의 이가 될 수도 있겠지만
아무렇지도 않은 듯이 그는 앉아 있다
그가 누구를 앉힐 수 있는 것은
가만히 앉아있는 일을 누구보다 잘하기 때문,
그는 앉은 채 놀고 앉은 채 걷는다
혹은 앉은 채 훨훨 날고 있을 때도 있다
그를 오래 보고 있으면
조금씩 피가 식고 눈은 밝아져
그가 입을 벌릴 때까지 하냥 기다릴 수도 있다
스물여섯 도막의 통나무가 한 그루 의자가 될 때까지
얼마나 많은 못에 찔려야 했는지
그 굳어가는 팔다리 속에 잉잉거리는 게 무엇인지,
그러나 말해주지 않아도 나는 알 것만 같다
며칠 전부터 상처를 들락거리며
날벌레가 슬어놓고 간 알들을 깨우려고
햇빛은 자꾸만 그의 등뒤로 와서 내리쬐는 것이었다
한 그루 나무에게 그렇게 하듯이(p.15)

이 시를 읽으면서 김기택의 시 「사무원」이 생각났다. 물론, 나의 오독일 수도 있지만 '장좌불립하는 사무원'과 '한 그루 의자가 된' 나무의 모습이 겹쳐 보였다. '사무원'이 박제된 현대인의 초상을 그리고 있다면 나희덕은 '한 그루 의자'가 된 나무를 통해 목숨의 초상을 그리고 있다. 두 작품이 지시하는 이미지는 전혀 별개의 것이지만 작품의 전개 방식과 사물을 관찰하는 시선이 닿아 있다. 나희덕 시의 특징으로 볼 수 있는 '따듯함'과 '고요함' 그리고 '여성성'이라는 관점과는 다소 거리가 있다고 느껴질 수도 있는 작품이지만, 자세히 살펴보면 그의 작품 성향에서 크게 어긋나지 않는다. 누구를 앉힐 수 있는 의자가 된 나무는 '그를 오래 보고 있으면/ 조금씩 피가 식고 눈은 밝아져'서 세상에 부대끼고 지쳐 주저앉은 이들을 쉬게 하고, '상처를 들락거리며/ 날벌레가 슬어놓고 간 알들을' 깨우기도 하면서 다친 것들을 어루만지는 모성을 노래한다. 그가 깨운 알들은 다시 새가 되어 세상 속으로 날아갈 것이고 노래할 것이다. 결국 '나무'는 '의자'라는 상관물을 통해 '목숨'에 관여하는 것이다. 스물여섯 도막으로 나뉘어 온몸에 '못'이라는 상처를 받고 다시 '한 그루 의자'로 다시 태어난 이 시대의 어머니가 앉아 있는 풍경을 읽는다. 서두르지 않고, 소리치지 않고, 산 것과 죽은 것의 경계를 긋지 않으면서 '삶'의 가치를 이야기하고 있다. '한 그루 의자'라니! 그토록 평범한 이미지가 이토록 놀랍게 읽히다니!

어두워진다는 것

5시 44분의 방이
5시 45분의 방에게
누워 있는 나를 넘겨주는 것
슬픈 집 한 채를 들여다보듯
몸을 비추던 햇살이
불현 듯 그 온기를 거두어 가는 것
멀리서 수원은사시나무 한그루가 쓰러지고
나무 껍질이 시들기 시작하는 것
시든 손등이 더는 보이지 않게 되는 것
5시 45분에서 기억은 멈추어 있고

어둠은 더 깊어지지 않고
아무도 쓰러진 나무를 거두어가지 않는 것

그토록 오래 서 있었던 뼈와 살
비로소 아프기 시작하고
가만, 가만, 가만히
금이 간 갈비뼈를 혼자 쓰다듬는 저녁(p.19)

그러니까 '어두워진다는 것'은 '쓸쓸해진다'는 고백이다. '금이 간 갈비뼈'를 쓰다듬는 어둠 속을 생각해보면 금방이라도 울음이 터질 것 같다. 그런 '나'는 결국 '슬픈 집 한 채'임이 틀림없다. 그는 '그토록 오래 서 있었던' 자신의 몸을 아무도 거두어가지 않는 나무라고 여긴다. (이문구 님의 수필 「나는 너무 오래 서 있거나 걸어왔다」가 생각난다.) 껍질이 시든 나무와 손등이 시든 내가 나란히 서있다. 5시 44분과 5시 45분 사이의 그 찰나에 도대체 무슨 일이 벌어진 것인가? 그것은 너무 큰 우주의 일이어서 인간은 감당할 수 없다. 이미 나는 5시 45분에게 넘겨졌고, 수원은사시나무는 쓰러졌고 햇살은 온기를 거두어 갔다. 어두워졌다. 이제 어떡하나? 저 죽음 같은 어두워짐을 어떡하나? 기억은 멈추고 아무도 나의 '쓰러짐'을 거두지 않는 상황은 5시 44분과 5시 45분 사이에 벌어진 일이다. 그 길고 아득한 시간이라니. 그런데 왜 하필이면 수원은사시나무였을까? 그것은 해 질 녘에 수원은사시나무를 바라본 적이 없는 독자라면 이해하기 힘들 것이다. 수원은사시나무의 이파리 뒷면은 흡사 은박을 입힌 듯 은색으로 반짝인다. 바람이 불면 그 이파리들이 은빛 파도가 일렁이듯 찰찰찰 소리를 내며 흔들리는데 아마도 시인은 그 색깔이 슬프게 보였나 싶다. 어쩌면, 삶의 뒷면도 그렇게 서글프게 반짝이는 것은 아닐까? 상한 갈비뼈를 저 혼자 쓰다듬는 일에 다름 아닌 우리는 누구나 '혼자'인 시간을 견디는 것이다.

흰 광목빛

먼 길 가는 모양이다
동네 어귀 느티나무 그늘 아래
어떤 부부가 버스를 기다리며 서 있다
조금씩 떨어져 선 두 사람은 목도리가 같아서인지 한 눈에 부부 같다
지아비가 한 손을 올린 채 나와 있고
지어미는 조금 뒤에서 웃고 있다
시골 버스의 유일한 승객인 나는
그 부부를 발견하고 내심 반가웠지만
운전기사는 조금의 망설임도 없이 지나치는 게 아닌가
두 사람이 늘 거기 서 있으면서도
한 번도 버스를 탄 적이 없다는 듯이
아아, 버스로는 이를 수 없는 먼 길 가는 모양이다
그 부부는 이미 오랜 길을 걸어 저기 당도했을 것이고
잠시 나무 그늘에서 쉬고 있는지 모르겠다
그런데 정갈하게 풀을 먹인 광목 목도리는
누가 둘러 주고 간 것일까
목도리에 땀을 닦고 있을 그들을 뒤돌아보니
미륵 한 쌍이 석양 속으로 사라진다
두 개의 점, 흰 광목빛(p.23)

아름답고 조용하다. 나도 그 한 쌍의 미륵을 뵈러 가고 싶다. 그러나 '버스로는 이를 수 없는 먼 길'을 가는 그 부부를 생의 어느 지점에서 내가 만날 수 있을까? 그 부부는 나희덕의 시 속에 살고 있을 뿐, 내가 다시 그 느티나무 아래를 찾아간다고 해도 만날 수 있는 건 다만 돌미륵 한 쌍 뿐일 것이다. 조금 앞서고 조금 뒤에 걸으면서 석양 속으로 사라지는 부부, 그 부부를 볼 수 있는 시인의 눈이 참으로 따듯하다. 제목이 '흰 광목빛'이다. 대학생 또래의 독자라면 얼핏 상상하기 힘든 색깔이다. 물론 설명을 찾을 수는 있겠지만 여기 미륵 부부가 두른 목도리 색깔은 짐작하기 어려울 것이다. 광목은 한때 신문물의 반열에 올랐던 무명천의 다른 이름이다. 특별히 흰 광목 빛이 시적으로 들리는 것은 광목의 쓰임새를 아는 나이든 독자라서 일까? 삶을 꾸려가는 모든 것들이 귀하고 부족했던 전후시대에 광목의 쓰임새는 다양했다. 생계가 되고 옷이 되고 이불이 되었다. 시집가는 새색시의 수틀에 얹혀서 꽃이 피고 새가 날고 구름이 흘러갔다. 진솔이었을 때를 '깃광목'이라고 불렀는데 그때의 광목은 누런 빛깔이다. 그걸 몇 번이고 물에 적셔 햇볕에 말리면 하얗게 탈색이 되었다. 시인은 그런 과정까지를 염두에 두고 미륵 부부의 목에 목도리로 둘렀을까? 만약 그랬다면 여기서 쓰인 광목은 세월을 지시하는 상관물이라고 하겠다. 햇볕에 탈색되는 과정과 그 후에 나타나는 정갈한 흰 빛을 부부가 지나온 시간의 이미지로 썼을 것이다. 나희덕 시인의 관찰력과 이미지가 선명하게 빛나는 작품이다.

방석 위의 生

이 방석을 어느 방석 옆에 내려놓을 것인가
늘 그게 문제인 사람들과

한상에 둘러앉아 먹고 마시는 동안

방석이 방석을 밀고, 방석이 방석을 끌어당기고,
방석이 방석에게 웃고, 방석이 방석에게 소리 지르고,
방석이 방석을 밟고, 방석이 방석과 헤어지고,
다시 방석이 방석을 낳고, 방석이 방석을 낳고…

저마다 방석을 들고 기웃거리는 삶이라니!

술자리를 빠져나와 어두운 골목길을 혼자 걷던 밤
하늘에서는 별이 별을 낳고, 별이 별을 낳고.…
내 시린 입김은 얼마 날아가지 못해 공중에서 얼어붙던 밤
어느 집 담벼락 밑에 불씨가 남아 있는 연탄재 두 장
나는 그 앞에 한참을 쪼그려 앉아 있었다

구멍이 스물두 개나 뚫린 그 둥근 방석 앞에서(p.31)

나희덕의 시가 모두 따듯하고 정갈하고 여성성 혹은 모성성을 내재하고 있는 것은 아니다. 또한 시집에 수록된 시가 모두 잘 쓴 시라는 보장도 없다. 독자가 그렇게 단정하고 기대하면서 시를 읽기 때문에 애써 그런부분을 찾으려 한다. 그러나 나희덕은 이러한 독자의 바람을 크게 거스르지 않는다. 이 시에서도 '방석은 방석을 낳고 별은 별을 낳'는다고 어김없이 어머니의 시선을 던진다. 1, 2, 3연 모두가 방석에 빗대어진 사람 사는 모습이다. 그렇다. 산다는 건 그렇게 서로가 서로의 자리를 넘겨다 보거나 빼앗기 위해 몸부림치거나 기대어 앉는 것이다. 그런데 굳이 흠을 잡자면 여기서

방석이라는 상관물이 없다면 얼마나 뻔한 이야기가 될까? 내가 이 시를 깊이 있게 이해하지 못했을지 모르지만, 조금은 실망스럽다.

그렇다면 왜 이 시를 텍스트로 삼았는가? 그것은 아직 불씨 남아 있는 연탄재 앞에 쪼그려 앉아 있는 시인 때문이다. 술자리에서 오고 가는 시도 말도 아닌 소란을 피해 혼자 걷던 골목길에서 문득 눈에 들어온 연탄재, 아직 불씨가 남아 있는 그 연탄재 앞에 쪼그려 앉아서 그는 생각한다. 아직 그렇게 절망하지 말자고, '구멍이 스물두 개나 뚫린' 저 방석을 보라고, 결국 꺼질 테지만 아직 남아 있는 불씨를 보라고, 원한다면 저 불씨를 살릴 수도 있는 것이 사는 일이라고. 그런데 나는 몇 개의 구멍을 지닌 방석일까? 나는 아직 불씨가 남아 있기는 한 것일까 문득 쓸쓸해진다. 이 시와 상관없이 원주 토지문학관에서 보았던 박경리 선생님의 방석이 생각난다. 낡고 헤진 그방석 위에서 선생은 얼마나 깊은 고뇌의 시간을 보내셨을까? 방석이라고?

마땅한 자리에 방석 하나 놓는 일, 그게 삶이라고, 참 서글프다.

버려진 화분

길가에 버려진 화분이여

한줌 흙 대신 차라리
우글거리는 이 가슴을 받아라

내 속에서
벌레들이 싹틀 것이다(p.59)

이 시집의 초판본이 나왔을 때, 이 시를 읽은 어떤 독자의 말이 떠오른다. 그때 한참 시를 쓰겠다고 습작에 매달리던 그는 '이 작품은 시를 쓰겠다고 작정하고 쓴 시 같지요?' 하고 물었다. '왜 그렇게 생각하세요?' '마당에서 흙 한 삽을 푹 떠서 쏟아놓고 그 광경을 그대로 쓴 거 같지 않아요?' 나는 그때 무어라고 대답했던가? 왜 질문만 생각나고 대답은 생각나지 않는지 모르겠다. 지금 다시 그 질문을 생각해 본다. 가령, 그의 생각이 맞다고 하자. 그래서 어떻다는 것인가? 시인이 시를 쓰겠다고 작정한다는 것은 이미 '써야할 것'에 시선이 머물렀다는 것이다. 길가에 버려진 화분을 보는 순간 그것은 이미 '시적'인 대상이 된 것이다. 시인은 버려진 화분을 통해 벌레 우글거리는 자신의 내면을 읽은 것이다. 물론 벌레가 긍정의 이미지를 가진 것은 아니다. 그런데, 벌레 뒤에 '싹틀' 것이라는 긍정을 두면서 버려진 화분을 살려낸다. 버려진 화분이 한 줌 흙을 다시 품은 들 무엇이 싹틀 수 있겠나? 싹틀 씨앗도 품지 못했으면서 없는 흙을 찾는 어리석음으로 시간을 허비하지 마라, 뭐 그런 메시지가 아닐까 싶다. 그렇다면 내 속에서 싹 틀 수 있다는 벌레는 무엇일까? 그냥 두면 벌레일 테지만 빈 화분처럼 척박한 곳에서라도 싹 틔우고 싶은 사랑, 혹은 희망 따위가 아닐까 짐작해 본다. 이 시는 좀 어렵다.

눈 묻은 손

노파의 눈 묻은 손이 자꾸만 소쿠리 위로 간다

작고 파란 소쿠리에는
눈이 반 콩이 반

아무리 가린다 해도 손등보다 밤하늘이 넓으니
어쩔 수도 없다. 눈을 끼워 파는 수밖에

버스는 좀처럼 오지 않고
얼마냐고 묻는 목소리에 눈이 묻는다
이천 원이라는 노파의 목소리에도,
콩알 섞인 함박눈을 비닐봉지에 털어 넣는 노파가
받아든 천원짜리 지폐에도 눈이 묻는다

멀리서 눈을 뒤집어 쓴 버스가 오고
나와 눈과 비닐봉지는 눈 속을 펄럭이며 뛰어간다

깜빡 잠이 들었던 것일까
창 밖에 눈 그치고 거기까지 따라온 눈이 길 위에 희다
그러나 손등의 눈은 어디로 사라졌을까
내 손에 남겨진 것은 한줌의 젖은 콩에 불과할 뿐(p.97)

'눈이 반 콩이 반'이라는 저 문장에 오래 눈길 머문다. 말도 사람도 있어야 할 곳에 있을 때 그 진가가 빛난다. 일상에서 흔히 쓰이는 말로 '~~이 반,' 이라는 말이 시인의 손으로 제자리를 찾아 저토록 깊은 의미를 재탄생시키고 있다. 콩을 눈에 끼워 판다는 역발상의 상상으로 이 시는 설득력을 획득한다. 나희덕 시인의 시가 지니는 가장 큰 미덕을 꼽으라면 나는 과장되지 않는 고요함을 들겠다. 이 작품도 그저 눈 오는 저녁의 풍경을 담담히 그리고 있을 뿐이다. 그런데, 적당히 춥고 어두워지는 퇴근길에서 눈을 맞

고 있는 노점의 바구니를 향하는 시선이 어디 흔하겠는가? 노파는 한사코 그 눈을 헤집으며 콩을 찾고 눈에 끼워 파는 콩을 사면서 노파도 콩도 나도 눈이 묻는다.('묻는다' 의 품사는 '동사'이다. '질문'의 의미인 '묻다'로 쓰이고, 다른 의미로는 '들러붙는다. 섞이다'의 의미인 '묻었다'로도 쓰이는데 후자의 경우 사전적 표기로는 '뭇다'라고 되어 있다.) 시집의 후반부에 실린 이 작품은 콩 섞인 눈을 파는 노파를 앞세워 고단한 삶의 풍경을 그리고 있다. 눈 묻은 손등을 한 채로 버스 안에서 깜빡 졸았던 '나'의 일상도 '노파'만큼 고단하고 그 고단함을 실어 나르느라 눈을 뒤집어 쓰고 달리는 버스도 고단하기는 마찬가지이다. 그러나 그들 누구도 눈을 탓하지 않고 제 갈 길을 간다. '손바닥에 남은 한 줌의 젖은 콩'은 우리가 움켜쥐고 가는 눅눅하거나 절실한 일상일 것이다.

나희덕 시의 창작 기법의 특징과 개성에 대하여
-나희덕, 그는 누구인가?

특정한 시인의 창작기법을 분석하기 위해서는 그가 어떤 사람인가를 알아볼 필요가 있다. 텍스트의 대상인 나희덕 시인의 시적 연보를 살펴보는 것은 그의 시 세계 엿보기에 도움이 될 것이다. 그러나 세상이 다 아는 그의 연보를 옮겨 적는 일이 무슨 의미가 있겠는가? 이 글에서는 간단한 서술로 그를 알아보기로 한다.

나희덕은 1966년 충남 논산에서 태어났다. 1989년 중앙일보 신춘문예로 등단했으며 1991년 첫 시집 『뿌리에게』를 상재했다. 다수의 문학상을 수상했으며 현재 대학교 교수로 재직 중이다. 그는 어린 시절 보육원 총무 일을 하시는 어머니 밑에서 성장했다고 한다. 보육원생들과 같이 먹고 자고 생활했지만 그는 엄밀한 의미에서 보육원생이 아니었다. 그렇다고 보육원생이 아니라고 하기에도 애매하다. 아마도 그런 성장환경이 그에게 모성성이라는 특별한 시적 세계에 눈뜨게 한 것일지도 모른다.

내 시선은 사라져 가는 것들, 연민, 따뜻함에 닿아 있다. 그런 곳에 먼저 눈이 간다. 그들의 외로움이 내 안으로 동화돼 나도 모르게 이끌리는 것 같다. 아마도 자라온 환경의 영향 때문일 것이다. 그러나 이상하게 그 시절이 시로 써지지는 않는다. 시를 쓰려고 해도 구체적 리얼리티를 가지고 형상화되지 않는다. 마음 한구석에 숙제처럼 남아 있다. 언젠가 기억이 살아나서 내 문학의 일부가 될 수 있기를 바랄 뿐이다.

-나희덕

그의 시세계를 이해하는 데 도움을 얻고자 『어두워진다는 것』의 추천 글을 옮겨본다.

아픔을 처절하게 노래한 많은 시들과 나희덕 시의 차이는, 상처와 아픔으로 점철된 생애를 보는 눈길의 향방에서 말미암는다. 나희덕 시인에게 상처는 오늘의 삶을 망가뜨리고 내일의 삶까지 흐려놓는 무엇이 아니다. 그는 10년 후의 자신에게 '사랑이라는 이름으로' 편지를 띄우는 사람이다.(「다시, 십년 후의 나에게」) 훗날 오늘의 이 아픔이 가시리라 확신하지 못하면서 미래의 자신에게 편지를 쓰는 일은 눈물겹고 고집스런 것이다. 이 끈질긴 희망이 나희덕 시의 힘이다. 우리는 모두 저마다의 짐을 지고 살아간다. 시집 『어두워진다는 것』은 짐을 진 우리를 초대하는 공감과 위로의 잔치 마당이다.

-출처 : 《시사저널》, 추천인 : 이광호(문학평론가), 이경호(문학평론가), 정끝별(시인), 김용희(문학평론가), 황현산(문학평론가)

나희덕 시세계의 특징

5시 44분의 방이/ 5시 45분의 방에게/ 누워 있는 나를 넘겨주는 것/ 슬픈 집 한 채를 들여다보듯/ 몸을 비추던 햇살이/ 불현듯 그 온기를 거두어가는 것/ 멀리서 수원은사시나무 한 그루가 쓰러지고/ 나무껍질이 시들기 시작하는 것/ 5시 45분에서 기억은 멈추어 있고/ 어둠은 더 깊어지지 않고/ 아무도 쓰러진 나무를 거두어가지 않는 것// 그토록 오래 서 있었던 뼈와 살/ 비로소 아프기 시작하고/ 가만, 가만, 가만히/ 금이 간 갈비뼈를 혼자 쓰다듬는 저녁

-나희덕, 「어두워진다는 것」 전문

『어두워진다는 것』은 성숙한 '탈각'의 시집이다. 삶의 본질적 어둠을 응시하며 오히려 의식의 굳은 껍질을 벗은 시인은, 한 나무에서 '수천의 빛깔'을 보는가 하면 빗방울을 통해서도 '너무 많은 소리들'을 듣는다. 그 '너무 많은 것'이 '슬픔'인 것은, 시인이 껍질을 벗은 속살 속에 감추어져 있던 깊은 '상처'들을 본성 혹은 자연의 빛 위에 떠올리기 때문이다. 시인은 이제 '울음의 감별사'이다. 더 나아가, 시인은 접신의 상태에서 병든 혼을 대신 앓고 주술을 읊어 치유해주듯, '캄캄한 씨방 속에 갇힌 꿈들'로 '우글거리는 이 가슴'을 열고 어루만진다. 그리하여, 상처는 더 이상 어둡지 않다. 시인의 연금술을 통해, 상처는 '환한 상처'가 되는 것이다.

-이인성(소설가)

'환한 상처'란 어떤 상처일까? 작성자가 오래전 어떤 시에서 썼던 '무늬가 된 상처'라는 말을 떠 올려본다. '상처'가 '무늬'가 되거나 '환해지기' 위해서는 오랜 숙성의 시간이 필요하다. 상처는 아무는 시간이 필요하기 때문이다. 아물고, 아문 자리에 흉터가 남고, 이슥고 흉터가 흐려지면서 환해지거나 무늬가 된다. 나희덕의 시에서 우리가 주목할 것은 이처럼 상처의 치유를 시간의 흐름에 맡겨두는 '기다림'의 자세이다. '그토록 오래 서 있던 뼈와 살 비로소 아프기 시작하고/ 가만, 가만, 가만히 금이 간 갈비뼈를 혼자 쓰다듬는' 저녁이란 저 혼자 저물어야 하는 사람의 목숨을 응시하는 겸허한 자세이다.

우주의 섭리를 공손히 받드는 모성성의 시초라고 하겠다. 또한 그는 '작은 것 속에 든 큰 것'을 주목한다.

그러나 그의 화자는 직접 입을 열어 '크다'고 말하지 않는다. 손짓조차 고요하다. 복숭아나무의 마음이 여러 겹 이라는 걸 넌지시 짚어주고(「그 복숭아나무 곁으로」, p.8) 자신은 뒤로 물러나서 '흩어진 복숭아 꽃잎'이나 바라보고 있다. 그러다가도 '밤 구름이 잘 익은 달을 낳'는 모성성으로 다시 돌아간다. 작성자를 비롯한 여러 시인들은 도대체 시인 앞에 어째서 '여류'라는 말을 붙이느냐고 따지기도 한다. 그러나 나희덕의 경우 그의 작품 전체에 흐르고 있는 여성성 혹은 모성성이라고 불러야할 목숨의 원천을 본다면 '여류 시인'이란 말을 굳이 부정적 시각으로만 볼 것도 아니다. 『어두워진다는 것』에 수록된 작품의 전반적인 흐름은 여성, 그중에서도 어머니의 시선으로 바라보는 '목숨의 섭리'를 다룬다. 또한 그는 작품 속 이미지를 변용하거나 '낯설게 하기' 위해 애쓰지 않고 '새롭게 보기'의 시적 전형을 이루고 있다고 하겠다.

시적 사유 구조

나희덕의 시가 가지는 '시적 사유구조'를 살펴본다. 시는 어떤 대칭도 존재하지 않는 사유의 맨 꼭대기에서 오직 신과의 대칭을 부르짖는 인간 내면의 울림이라고 할 때, 시가 가지는 사유의 대칭이란 저 아래, 세상 전부를 그 대상으로 한다.

똑같은 것은 시가 아니다. '나는 무엇으로부터 찢겨진 몸일까// 유난히 얇고 어룽진 쪽을/ 여기에 대보고 저기에도 대본다// 텃밭에 나가 귀퉁이가 찢어진 열무잎에도 대보고/ 그 위에 앉은 흰누에나방의 날개에도 대보고'(「흔적」, p.38) 있는 시인, 그가 시적 사유의 구조로 불러오는 것은 저처럼 지극히 작은, 눈에 잘 보이지 않는 존재이거나 그 존재의 상처들이다. '귀퉁이가 찢어진' 열무잎과 자신을 동일시한다. 그렇다면 이러한 그의 시적 세계를 어떻게 정의할 수 있는가? 그의 작품 속 화자들은 우주에 존재하는 모든 사물들 중의 하나일 뿐이다.

그러니까 인간은 우주라는 커다란 구조물의 지극히 작은 한 개의 부속품인 것이다. 그렇지만 우주의 부속품으로서의 '나'는 또한 매우 '중요'하다. 왜? 태어나고 죽고 다시 태어나는 윤회의 한 축을 담당한 어머니이기 때문이다. 어머니는 목숨을 잉태하고 출산의 과정을 거친다. 그리하여 우주를 이루는 생명을 창조하는 신에 버금가는 존재자인 것이다. 그러나 그토록 위대한 '여성'도 '한 마리 나방인 듯이 창문에 부대껴 서서'(「불 켜진 창」, p.48) 남편과 아이들이 평화롭게 지내고 있는 자신의 집을 몰래 들여다보기도 하는 연약한 여자라는 것도 잘 알고 있다. 축음기 소리를 들으며 '저 낡은 소리는 어떤 상처를 읽은 것'이라고 말할 수 있다는 것은 자신의 상처를 감추지 않고 똑바로 바라볼 줄 아는 나희덕 시인만의 '당당함'에 다름 아니다.

시적 상관물의 배치

후두둑, 빗방울이 늪을 지나면
풀들이 화들짝 깨어나 새끼를 치기 시작한다
녹처럼 번져가는 풀
진흙뻘을 기어가는 푸른 등 같기도 하다
어미 몸을 먹고 자란 우렁이 새끼들도 기어간다

풀과 함께 흔들리고 있는 풀들 사이로
빈 우렁이 껍데기들도 떠다닌다

기어가는, 그러나 묶여 있는
고여 있는, 그러나 흔들리는

비가 아니었다면
늪은 수만년을 어떻게 견뎠을까
무엇으로 흔들림의 징표를 내보였을까

후두둑,
후두둑,
후두두둑…
늪 위에 빗방울들이 그려넣는 무늬들

오래 고여 있던 늪도
오늘은 몸이 들려 어디로 흘러갈 것만 같다

-「고여 있는, 그러나 흔들리는」(pp.84~85)

「고여 있는, 그러나 흔들리는」을 통해 나희덕의 시적 상관물 배치를 살펴본다. 이 작품은 '늪'을 이루고 있는 개체들과 그 개체들의 속성을 묘사하면서 독자들의 상상력을 자극한다. '늪'은 저 혼자 저절로 생겨나고 저 혼자 견디며 살아 있는 것이 아니다. 그러니까 늪을 늪이게 할 수 있었던 상관물은 '빗방울'이다. 빗방울은 '물'로 몸을 바꾸어 늪을 이룬 것이다. 마치 우리의 어머니가 자신의 피와 살과 뼈를 바꾸어 '나'를 만드신 것처럼. 이미 이루어진 늪도 다시 빗방울을 만나면 서둘러 제 식솔들을 챙긴다. 풀들이 깨어나고 우렁이 새끼들이 기어가고 그 모든 것들을 지켜보던 '우렁이 껍데기'들도 떠다닌다. 마치 우리의 어머니가, 껍데기뿐인 어머니가 여전히 자신의 껍데기 안쪽을 긁어내려고 굽은 손가락을 움직이는 것처럼. '비가 아니었다면/ 늪은 수만년을 어떻게 견뎠을까'라고 묻고 있지만 우리는 이미 알게 되었다.

'나'를 이루고 있는 몸도 마음도 정신도 저 빗방울이라는 즉, 어머니라는 창조자의 결과물인 것이다. 그런데, 기어가지만 묶여 있고 고여 있지만 흔들리는 늪이 있다. 작품의 시작에 있던 빗방울이 작품을 끌고 가면서 빗방울로 이어질 수 있는 상관물들이 모여들었다가 각자의 위치로 흩어지면서 자신의 역할을 하지만 결국 다시 모여든다. 모여들어 다시 작품의 무대인 늪이 되는 상관물의 배치가 가지런하다. 주제를 삼았던 상관물들이 없어지지 않고 끝까지 살아남아서 뼈대를 이루는 형식이 나희덕의 시를 선명하게 한다고 하겠다. 이 작품에서도 어김없이 나희덕의 모성성이 작품의 근간을 이루고 있다.

물론 '그럴 것'이라는 독자의 선입견으로 작품 의도를 한정적으로 읽었다고 할 수도 있겠지만 나희덕이 즐겨 다루는 물의 이미지가 이미 모성성을 그 바탕으로 하고 있으며 이 작품의 경우 '우렁이 새끼'와 '우렁이 껍데기'가 함께 하고 있으므로 이견이 없다고 보인다.

사족을 붙이자면 그는 왜 '우렁이 껍질'이 아니고 '우렁이 껍데기'라는 시어를 선택했을까? '껍데기'와 '껍질' 은 같은 말이지만 이 경우 '껍데기'는 어미에게 어울리는 단어이고 '껍질'은 새끼에게 어울리는 단어로 읽힌다. 그가 이런 생각으로 선택한 것인지 아니면 또 다른 의미가 있는지는 모르겠다. 나의 생각이 쓸데없는 것인지도 모르겠다.

나희덕 시의 모성성

위에서도 언급했지만 나희덕의 시를 얘기하면서 그의 모성성(여성성)을 간과할 수는 없다. 이 책에 수록된 대부분의 작품들에서 그의 모성성이 나타나고 있는데 모성성과 여성성을 정의하기는 어렵다. 주지하다시피 모성성이나 여성성은 매우 광범위하기 때문이다. '나희덕의 모성성은 고통을 이야기하는 것이 아니라 고통을 견디는 것을 이야기하는 것(-김수이)'이라고 생각한다는 말을 빌려서 이 책에 나타난 몇몇 작품 속 모성성을 살펴보자.

그러나 미안합니다
봄에 갔던 길을 가을에 다시 가고 말았습니다
길의 그림자가, 그때는 잘 보이지 않던
흙속의 풍경이 보였습니다
무디어진 시간 속에 깊이 처박힌 잎들은 말합니다
나를 밟고 가라, 밟고 가라고

-「흙 속의 풍경」 중에서(p.6)

이 작품 속에는 두 명의 화자가 보인다. 지금껏 걸어왔던 길에서 깨닫지 못했던 '모성'의 본질을 깨닫는 '나'와 그런 '나'를 무던히 품어 주는 또 다른 '나'가 있다. 그래서 미안하다. 전자의 '나'는 가을에 다시 가는 그 길 위에서 비로소 발견하는 당신의 모습이 보이는 것이다. 시간에 떠밀려 늙고 낡고 찢어진 '당신이라는 잎'이 보인다. 그러나 후자의 '나'는 말한다. '나를 밟고 가라'고.

그렇다. 이 작품 속 '나'는 나희덕의 모성성을 극명하게 보여준다. 그의 작품 속 모성성은 슬프거나 고통스럽거나 억지스럽지 않다. 모성이란 결국 처음부터 있었고 지금도 있으며 앞으로도 있을 것이기 때문이다. 다만 나희덕은 그러한 모성성을 밖으로 꺼내어 우리에게 보여주고 있을 뿐이다. 우주에 존재하는 모든 모성은(사람뿐이 아닌) 자신의 모성적 행위를 당연시한다. 그것은 희생이 아니고 고통이 아니다. 그러니까 나희덕은 모성이라는 상관물을 통해 삶의 본질을 노래하고 하고 있는 것이다. 자칫 진부한 슬픔 쪽으로 치우칠 수도 있는 모성성의 작품이 독자에게 잔잔하지만 깊고 큰 울림을 주는 것은 과장하지 않고 왜곡하지 않는 그의 시적 특징 때문이다.

한국 현대시사상 나희덕의 자리

나희덕 시인 자신은 자신의 모성성을 페미니즘적 이 아닌 다양성의 존중으로 이해받고 싶어한다. 그렇지만 나희덕의 등장으로 새롭게 조명되기 시작한(나희덕 이전의 모성성을 폄하하자는 것이 아니라 나희덕의 모성성이 특별하다는 뜻이다.)

모성성의 이해와 정서적 소통은 독자들로 하여금 삶의 본질에 눈뜨게 하는 커다란 역할을 하였다. 고통을 고통이 아닌 과정으로 이해하고 문학이 삶에 관여하게 함으로써 시의 통로를 안내하는 큰 성과를 이루었다. '미래파'라고 지칭되는 젊은 시인들이 차지하는 문단의 흐름으로부터 전통적 서정시의 본류를 지켜가는 나희덕은 올바른 문학정신의 본보기를 보여주는 시인으로 오래 사랑받을 것이다. 어쩌면 지금도 그는 전통적 서정시의 본

류와 문학적 변화의 시도를 꾀하는 미래파 시인들의 중간 지점쯤에서 정서적 가교의 역할자로 자리매김하고 있다고 하겠다. 따라서 나희덕은 한국서정시의 전통적 정서를 지켜가는 모성성의 작품으로 삶의 본질적 고통을 치유할 수 있는 문학의 지평을 열어갈 것이라는 결론을 도출한다.

*인용한 작품들은 원본의 맞춤법을 따랐음을 밝혀 둠.

유랑의 뼈를 수습하다

찍은날 2022년 8월 25일
펴낸날 2022년 8월 30일
지은이 박미라
펴낸이 박몽구
펴낸곳 도서출판 시와문화
주 소 13955 경기 안양시 동안구 경수대로883번길 33,
103동 204호(비산동, 꿈에그린아파트)
전 화 (031)452-4992
E-mail poetpak@naver.com
등록번호 제2007-000005호(2007년 2월 13일)
ISBN 978-89-94833-83-5(03810)

정 가 15,000원

*이 책은 2022년도 충청남도, 충남문화재단의 후원으로 발간되었습니다.